우리아이
수학박사
프로젝트

우리 아이 수학박사 프로젝트

1판 1쇄 찍음 2013년 3월 27일
1판 1쇄 펴냄 2013년 4월 10일

지은이 안승철

주간 김현숙
편집 변효현, 김주희
디자인 이현정, 전미혜
영업 백국현, 도진호
관리 김옥연

펴낸곳 궁리출판
펴낸이 이갑수

등록 1999. 3. 29. 제300-2004-162호
주소 110-043 서울시 종로구 통인동 31-4 우남빌딩 2층
전화 02-734-6591~3
팩스 02-734-6554
E-mail kungree@kungree.com
홈페이지 www.kungree.com
트위터 @kungreepress

ISBN 978-89-5820-251-6   03370

값 13,000원

우리아이 수학박사 프로젝트

아빠와 하루 1시간 초등수학 문제 정복하기

안승철 지음

궁리
KungRee

저자 서문

저는 지난 2010년에 『아이들은 왜 수학을 어려워할까?』라는 책을 낸 적이 있었습니다. 이 책은 발달생리학적 관점에서 아이들의 수 감각이 어떤 식으로 발달하는지, 부모들은 각각의 단계에서 아이들의 수 발달을 어떻게 도와야 하는지를 담았습니다. 이런 인연으로 저는 2012년 한국과학창의재단에서 주최하는 수학 클리닉과 관련한 회의에 참석하게 되었습니다. 집행위원 중 한 분이 제 책을 읽어보셨던 것입니다.

회의를 마치고 집으로 돌아오면서 요즘처럼 온갖 사교육 기관이 범람하는 시대에도 국가 차원에서 수학 클리닉을 운영할 정도이니 수학을 가르치는 일은 여전히 어려운 과제구나 하는 생각이 들었습니다. 그리고 수학 전문가가 아닌 평범한 부모의 입장에서 아이들의 수학적 문제점을 실질적으로 해결할 수 있는 방법을 제시해보면 어떨까 하는 생각이 들었습니다. 스쳐지나가는 생각이었는데 결국 책까지 내게 되었으니 이 책은 그 회의의 소산인 셈입니다.

저는 아이와 5년 넘게 수학을 같이 공부했습니다. 그동안 참 많은 문제집을 보았습니다. 초등학교 수학이지만 심화 과정의 문제들은 무척이나 수준이 높았습니다. 심지어 학교 다닐 때 수학깨나 했다는 저마저도 해답을 보지 않으면 설명하기 어려운 것들도 있었습니다. 다양한 문제들과 그 풀이 방법을 보면서 이 문제는 이렇게 풀어도 좋겠다······ 이 문제는 이런 점을 더 강조하면 좋겠는데······ 등등의 생각을 하게 되었습니다. 저는 이 책에서 제 나름대로의 해법을 제시하고자 하였습니다. 이렇게 하면 수학을 잘할 수 있다는 주장을 하려는 것은 아닙니다. 아이를 직접 가르쳐본 부모의 입장에서 시중 문제집에 나온 문제들을 이용해 아이가 좀더 쉽게 풀 수 있는 실질적인 방법을 제안해보고자 하는 것입니다.

저는 이 책에 아이들의 수학에 관심을 가지는 부모님들께 전하고 싶은 내용을 썼습니다. 저처럼 매일 한 시간씩 아이를 가르치는 부모님들에게 좋은 참고서가 될 수 있을 거라 확신합니다. 그렇게 하기 힘든 부모님들이라도 아이가 수학의 어떤 부분을 어려워하고 있는지 알고 싶어하신다면 이 책이 분명 도움이 될 것입니다.

막상 책이 완성되고 나니 이 책을 보게 될 부모님들 모두가 사실은 전문가이실 거라는 생각이 들더군요. 수학을 가르치는 수백, 수천 가지의 독특한 방법들을 저마다 알고 계실지도 모르겠습니다. 그럼에도 제가 이 책을 내는 이유는 아이를 가르치면서 괜찮다고 생각했던 방법을 부모님들과 공유하려는 데 있습니다. 제가 제시하는 방법 중엔 어쩌면 여러분들이 알고 있으면서도 사용하지 않거나 학원과 선행학습에 기대어 도외시하고 있는 방법도 있을지 모릅니다. 제 책이 '아, 난 이보다 더 좋은 방법으로 가르칠 수 있어!' 하는 용기를 북돋는 기폭제로 작용할 수 있길 바랍니다.

　이 책에 나오는 문제들은 천재교육의 『최고수준 수학』, 비상교육의 『완자 최고수준』 등에서 뽑은 것으로 문제의 출처를 모두 표시하였습니다. 단, 『최고수준 수학』의 문제들은 천재교육에서 문제의 부분 변경을 허용하여 출처를 표시하지 않고 쓰기도 했습니다. 서문을 빌어 각 출판사에 감사드리는 바입니다.

　또다시 제게 책을 내도록 허락해주신 궁리출판에 깊은 감사의 말씀을 올립니다.

2013년 3월

안승철

| 저자 서문 | 5

1 : 초등 1학년을 들어가며 13

수의 명칭 · 16 | 수의 추상성, 크기 · 17 | 수의 순서 · 19 | 공간, 좌표 그리고
수직선 · 21

2 : 연산 25

1 | 연산에 들어가기 전에 27
수 세기 · 28 | 십진수 체계 · 30

2 | 덧셈, 뺄셈 32
1 · 덧셈, 뺄셈의 연산에서 꼭 익혀야 할 개념들 32
덧셈과 뺄셈, 그리고 차 · 32 | 수 가르기 · 33 | 더해서 10, 그리고 그 이
상 · 37 | 자릿값 · 40 | 세로식 vs. 가로식 · 42 | 수직선 · 45 | 등호(=)의 의
미 · 49

2 · 덧셈, 뺄셈에서의 문제 푸는 방법 찾기 51
식 읽기 · 51 | 어림하기 · 53 | 거꾸로 생각하기 · 55 | 경우의 수 · 56 | 생활
속 수학 · 57

3 | 곱셈, 나눗셈 59
1 · 곱셈, 나눗셈의 핵심 개념들 60
용어 · 60 | 그림으로 나타내기 · 61 | 구구단 · 64 | 세로식 · 66 | 가로식 · 67
| 나눗셈 · 70

2 • 곱셈, 나눗셈 문제 들여다보기 —————————— 72

동물은 모두 몇 마리? · 72 | 식 읽기 · 73 | 대입 · 75 | '~당'의 개념 · 76 | 몫과 나머지 · 77 | 약수, 배수 · 79 | 방정식, 연립 방정식 · 84 | 규칙 찾기 · 90

3 : 문제 풀이에 대한 일반적 접근법 —————————— 97

그림 그리기 · 99 | 이야기하며 풀기 · 101 | 계산 실수 · 105 | 전체 보기 · 107 | 생활 속 수학 · 108

4 : 분수 ———————————————————————— 111

1 | 분수에서 강조해야 할 점 —————————————— 113
분수의 크기에 대한 감각 키우기 · 113 | 부분을 분수로 나타내기 · 116 | 단위수에 대한 개념 · 117 | 나눗셈을 그림으로 설명하기 · 118 | 분수는 곱셈이다 · 121 | 분수에서의 몇 분의 몇: 그림을 통한 곱셈 개념의 확장 · 122 | 통분의 의미 · 124

2 | 분수 문제 들여다보기 ———————————————— 126
토대 점검하기 · 126 | 그림 그려 풀기 · 127 | ~당에 대한 문제 · 129 | 연립방정식을 이용하기 전에 주어진 조건을 최대한 활용할 것 · 130 | 어림하기 · 134

5 : 소수 ———————————————————————— 137

십진수 체계 · 139 | 소수와 분수의 관계 · 141 | 소수의 연산: 자릿값 맞추

기 · 145 | %의 의미 · 149

6 : 비와 비율 ———————————————————— **151**

비는 왜, 언제 사용되는가? · 154 | 수학적 표현 · 157 | 시각적으로 표현하
기 · 158 | 비와 비율의 연산 · 159

7 : 측정하기 ———————————————————— **163**

1 | 길이 ———————————————————————— 165
단위길이 · 165 | 자를 이용한 실측 · 166 | 어림 · 168

2 | 면적 ———————————————————————— 170
면적의 의미 · 170 | 단위면적 · 171 | 면적을 구하는 공식 · 171

3 | 단위에 대한 정의 그리고 부피 ———————————— 183

4 | 시간 ———————————————————————— 186
60진법 · 187 | 시계를 그려라 · 187 | 24시간을 기준으로 가르치라 · 189 | 느
림 vs. 빠름 · 190 | 달력을 그려라 · 191

8 : 기하 ———————————————————————— **193**

1 | 여러 가지 모양 ———————————————————— 195

2 | 뒤집기, 돌리기 ———————————————————— 201

3 | 쌓기 ———————————————————————— 206

4 | 각도-삼각형의 응용 —————— 209
삼각형 내각의 합 180° vs. 삼각형의 한 외각은 두 내각의 합과 같다 · 210 |
같은 모양으로 표시하기. 간단하게 표시하기 · 211 | 그림 파악하기 · 214

5 | 사각형 —————————————— 219

6 | 입체도형 ————————————— 221

9 : 자료 다루기, 표와 그래프 ——————— 227

자료와 표 · 229 | 그래프 만들기 · 232 | 컴퓨터 프로그램을 이용한 그래프
만들기 · 234 | 각종 그래프(줄기와 잎 그림을 중심으로) · 236

10 : 그리고 못 다한 이야기들 ——————— 241

1 | 시간 —————————————————— 243

2 | 학원 —————————————————— 245

3 | 선행학습 ————————————————— 248

4 | 부모에게 들려주고 싶은 말 —————— 252
눈높이 맞추기 · 252 | 아이가 풀 수 있게 할 것 · 253 | 시험의 공포에서 벗어
나게 만들기 · 253 | 나도 잘 몰라 · 254 | 소중한 시간들 · 255

1

초등 1학년을
들어가며

"1학년 산수, 가르칠 게 뭐가 있어? 그냥 하면 되지." "2+3=5 같은 거 배우는 거 아냐? 그냥 하라고 해. 그래봐야 산수 아냐?"

그렇습니다. 이렇게 이야기하는 어른들이 수학이 어렵다고 하소연하는 초등학교 1학년 학생을 어떻게 이해할 수 있겠습니까? '그냥 하면' 되는 수학을 어렵다고 징징대는 아이들을 보면 꿀밤부터 먹이고 싶은 것이 사실입니다. 그런데 정말 쉬울까요? 어디 한번 살펴보겠습니다.

1학년 1학기 수학의 차례는 다음과 같습니다.

5까지의 수

9까지의 수

여러 가지 모양

더하기와 빼기

비교하기

50까지의 수

왜 하필이면 5까지의 수일까요? 10진수의 체계는 0부터 9까지니까 처음부터 9까지의 수를 다뤄도 될 것 같은데 말이죠. 5까지의 수를 먼저 다루는 이유는 수의 기본적 성질을 아는 것이 9까지의 수를 다루는 일보다 더 중요하다고 판단했기 때문입니다. 하나하나 뜯어봅시다.

: 수의 명칭

1	2	3	4	5
일	이	삼	사	오
하나	둘	셋	넷	다섯

수는 약속입니다. 우리는 그 약속에 따라 '하나는 1이라 쓰고 일이라 읽'습니다. 이 표를 보고 1과 일은 같은데 왜 따로 표시했는지 의아해했다면 이제는 이해하셨으리라 믿습니다. 우리는 너무 익숙해서 잊어버렸지만 아이들에게 1이 일, 2가 이, 3이 삼인 것은 당연한 일이 아닙니다. 1, 2, 3은 숫자이지만 어떤 의미에선 기호입니다. 3이 삼인 것은 우리말로 그렇게 표현하기로 약속했을 뿐이죠. 이 표에 나와 있지는 않지만 그 중간엔 수량이란 매개가 있지요.

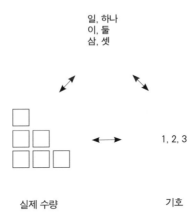

수를 나타내는 말

일, 하나
이, 둘
삼, 셋

실제 수량

기호

1, 2, 3

　유감스럽게도 수학은 외우는 것부터 시작합니다. 사고력을 중요시하는 수학이지만 소통은 해야 하니까요. 아이들은 약속으로서의 3, 삼, 그리고 또 다른 표현으로서의 셋을 한꺼번에 외워야 합니다. 물론 이 일은 쉽지 않습니다. 오죽하면 '1은 랄랄라 하나이고요, 2는 랄랄라 둘이고요, 3은 랄랄라 셋이고요~' 하는 노래까지 있겠습니까. 일반적으로 초등학교에 들어갈 때쯤이면 앞에 나온 표 정도는 다 알지만 혹시 아이가 잘 모른다면 노래를 배우는 과정부터 다시 시작해야 합니다.

: 수의 추상성, 크기

☎	○	1	일	하나
☂☂	○ ○	2	이	둘

🐚🐚🐚	○○○	3	삼	셋
♣♣♣♣	○○○○	4	사	넷
🎲🎲🎲🎲🎲	○○○○○	5	오	다섯

　이 표는 수의 명칭에 대해 조금 더 발전시킨 것이지요. 딱히 눈여겨 볼 만한 표는 아니라고요? 여기에도 재미있는 수의 성질이 숨어 있습니다. 우리가 인식하지 못할 뿐이지요. 먼저, 이 표는 서로 다른 사물—이 표에서는 전화기, 우산, 장기판의 말, 클로버, 주사위—을 하나의 기호(동그라미)로 표현할 수 있다는 것을 보여주고 있습니다. 게다가 같은 모양의 동그라미로 표현한 것을 다른 모양의 기호(숫자)로 표현할 수 있다는 것도요. 어른들은 그냥 쉽게 받아들일 수 있지만 아이들에겐 새로운 것일 수도 있습니다. 수의 이러한 추상성을 이해하고 있는 아이들이라면 이 표의 첫칸과 둘째칸 사이의 관련성을 쉽게 이해할 겁니다.

　'다음 중 두 마리의 호랑이와 수가 같은 동물을 찾아 ○표 하시오' 같은 문제가 추상성을 강조하는 대표적 문제입니다.

( )　　　　　　( )　　　　　　( )

　앞의 표는 수와 수의 크기에 대한 관계도 보여줍니다. 숫자만 놓고

우리 아이 수학박사 프로젝트

보면 5가 2보다 크다고 말할 수 없습니다. 숫자에는 크기를 말해주는 정보가 없기 때문이죠. 5와 2, 이렇게 써야만 5가 2보다 크다고 이해할 수 있을까요? 5가 2보다 크다는 사실은 5가 다섯 개의 무엇인가를 나타내고 2가 두 개의 무엇인가를 나타낸다는 사실을 우리가 알고 있기 때문에 어렵지 않게 인식하는 것입니다. 수와 양의 연결은 물론 약속을 통해 이뤄집니다.

5를 '오'와 '다섯'이란 명칭과 연결하듯 5란 다섯 개의 무엇인가를 나타낸다는 것을 이 표는 보여주고 있습니다. 아이들은 이런 과정을 통해 5라는 수와 5라는 수가 가지는 크기를 연결합니다. 아이들이 초등학교에 들어가기 전 부모님들은 아이들에게 이러한 과정을 지겹도록 반복했을 것입니다만, 초등학교에 들어가는 그 순간까지 아이들의 마음속에 이러한 연결이 완전하게 이뤄지지는 않는다고 알려져 있습니다.

그러므로 '왼쪽 칸에 씌어진 수만큼 색칠하시오'라는 문제는 별것 아닌 것처럼 보이지만 이런 문제 하나 빠뜨리지 말고 색칠하게 하십시오. 수학 시간에 색칠할 수 있는 기회는 초등 저학년 아니면 만나기 어렵습니다.

3					

: 수의 순서

수의 명칭을 배울 때 아이들이 익혀야 할 것이 또 하나 더 있군요. 수의 순서입니다. 순서의 개념은 아이들이 놀이나 경기를 통해 익혀왔던 터라 쉽게 받아들일 것 같지만 정말 확실한 개념을 알고 있는지의 여부를 알고 싶다면 다음과 같은 문제를 풀게 하는 것이 좋겠습니다.

문

색칠하여 보시오.

넷	○ ○ ○ ○ ○
넷째	○ ○ ○ ○ ○

순서와 관련된 재미있는 문제가 있어 하나를 더 소개하겠습니다.

문

동물들이 달리기를 하고 있습니다. 3등으로 달리고 있는 동물의 번호를 두 가지로 읽어 보시오.

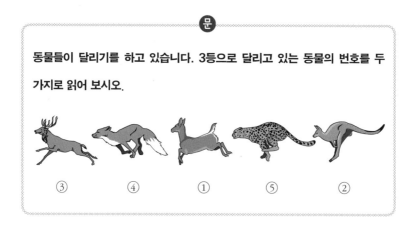

여기서 드러내놓고 얘기하고 있지는 않지만 이 문제는 수의 또 다른 특성을 보여줍니다. 아이들은 사실 이 개념에 익숙합니다. 박찬호의 등번호 61번은 박찬호의 다른 명칭이라는 걸 아이들도 잘 알고 있으니까요.

: 공간, 좌표 그리고 수직선

호랑이는 왼쪽에서 몇째입니까?

이런 유형의 문제는 '토끼는 오른쪽에서 몇째입니까?' 식으로 나오기도 하죠. 이 문제는 은연중에 수의 공간적 성질을 나타내고 있습니다. 수의 공간적 성질은 큰 수는 오른쪽, 작은 수는 왼쪽에 있는 것을 말합니다. 우리 마음속 수의 이미지도 마찬가지입니다. 큰 수는 오른쪽에, 작은 수는 왼쪽에 있습니다. 수에 대한 이런 이미지는 같은 문화권이면 대부분 동일한데 학자들은 이를 두고 자(尺, ruler)가 마음속에 들어 있다고들 합니다. 아이들이 가지고 있는 마음속 자의 이미지는 아래와 같습니다.

여기 나온 자는 좀 이상합니다. 눈금 밑에 숫자도 없고 간격도 일정

하지 않습니다. 작은 수에서는 일정하다가도 수가 커지면 촘촘해지죠. 아이들이 작은 수의 크기는 쉽게 비교하다가도 수가 커지면 비교가 힘들어지는 것도 이런 이유라고 합니다. 마음속의 자가 성인과 비슷해지려면 6학년 정도는 되어야 한다는 보고가 있습니다. 아이들이 수에 대해 배우는 과정은 마음속 자의 눈금에 수를 대입하는 과정입니다. 아래 그림처럼 말입니다.

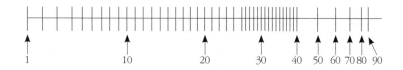

'2보다 크고 4보다 작은 수는 무엇인가?' 식의 문제는 이처럼 마음속 자가 불완전한 아이들을 겨냥한 것입니다. 이 문제를 풀려면 수의 순서를 기억하고 있거나 수를 비교하는 다른 방식을 알고 있어야 합니다. 숫자의 순서를 불러와 푸는 경우는 효율적이지 않습니다. 1부터 시작해서 4까지 기억에서 불러와야 하기 때문입니다. 그러나 마음속에 눈금이 달린 자를 가지고 있으면 문제를 쉽게 풀 수 있습니다. 자만 척들이대면 2하고 4 사이에 3이 보이기 때문입니다.

초등 1학년에는 수라는 대상을 내면화하는 과정이 제일 중요합니다. 이 과정을 순조롭게 진행하려면 항상 아이들의 눈높이에 맞춰야 합니다. 문제를 푸는 것도 마찬가지입니다. 항상 아이들의 눈높이를 생각하십시오. 초등 1학년에 나오는 문제들을 교과서에서 제시하는 방향에 맞춰 충실히 쫓아가는 것이 눈높이를 맞추는 지름길입니다. 눈높이에 맞추어 아이들과 문제를 푸는 예를 두 가지만 제시하겠습니다.

문

상자에 축구공, 배구공, 농구공이 들어 있습니다. 배구공은 축구공보다 1개 더 많이 들어 있고, 농구공은 배구공보다 1개 더 많이 들어 있으며, 농구공은 5개 들어 있습니다. 상자에 들어 있는 축구공은 몇 개입니까?

아이들은 머릿속 가상의 작업 공간에서 문제를 풉니다. 그 작업 공간을 작업 기억(working memory)이라고도 하죠. 아이들의 경우 이 공간은 그리 넓지 않습니다. 한 문장과 또 다른 문장을 작업 공간으로 순차적으로 불러들여 읽은 후 두 문장을 비교하고 판단해야 하는데 작업 공간이 협소하기 때문에 두 번째 문장을 읽는 순간 앞 문장에서 얻은 정보를 잊어버리는 경우가 많죠. 그렇게 되면 전체 문장을 파악하기 힘듭니다. 이 문제를 해결하려면 문장마다 그림을 그리는 방법을 쓰는 것이 좋습니다.

농구공 5개	
배구공은 농구공보다 한 개 적으니	
축구공은 배구공보다 한 개 적으니	

문

모둠에 모두 7명이 있습니다. 여학생이 남학생보다 한 명 더 적습니다. 모둠 내 남학생은 몇 명입니까?

가장 이상적인 풀이는 아마 '전체 7명에서 1명을 뺀다. 이렇게 되면 여학생과 남학생의 수가 같아지므로 둘로 나누면 된다'겠지요. 1학년에게 이렇게 가르치면 안 되니까 다른 방법을 쓰긴 하겠지만 결국 이 방법에 맞춰 풀어주는 부모님들이 많을 겁니다. 그렇게 푸는 것은 나중에 해도 되니까 아이들이 차근차근 풀 수 있도록 도와주세요. 이렇게요.

한 사람씩은 있어야 하니까	😊😊
남자가 하나 더 많아야 하니까	😊😊😊
아직 7명이 안 되었으니, 1명씩 더하면	😊😊😊😊😊
여전히 7명이 안 되었으니 1명씩 더 더하면	😊😊😊😊😊😊😊

어떠신가요? 부모님들이 생각한 것보다는 더 많은 내용이 들어 있지 않았나요? 자, 다음 장으로 가겠습니다. 이후에는 교과서의 순서를 꼭 따라가지는 않겠습니다.

tip 1학년을 좀 더 잘 보내려면

···→ 아이가 수와 친해지는 시기임을 잊지 마세요!

···→ 아이의 수준은 모두 다르답니다. 어디에 와 있는지 확인하는 게 먼저입니다.

···→ 아이 눈높이에 맞춰 문제를 함께 푸세요.

우리 아이 수학박사 프로젝트

2

연산

1

연산에
들어가기 전에

아이들의 연산이 발달하는 과정은 다음 그림과 같습니다.

연산시간

수 세기에 의존한 연산

손가락으로 수 세기

입으로 말하며 수 세기

기억에 의존한 연산

손가락 사용
수 가르기
기억에 의한 연산

지적성숙(나이)

　연산의 최고 수준은 기억에 의한 연산입니다. 6+9=15, 12×12
=144를 외우고 있는 것을 말합니다. 막 수학을 시작한 아이들에게 이
런 것을 기대할 수는 없습니다. 아이들은 대부분 수 세기부터 시작하

게 마련입니다. 기억에 의한 연산을 어느 정도 하는 아이들이라도 연산의 성격에 따라 손가락을 사용하거나 수 세기에 의존할 수도 있습니다. 부모님들께선 아이들이 초등학교에 들어가기 전에 벌써 수에 익숙해지도록 훈련시켰을 겁니다. 하지만 늘 부모 마음대로 되는 것은 아니니 아이의 수준이 어디에 와 있는지 확인해보세요. 그래야만 어디서부터 시작해야 하는지 알 수 있습니다. 본격적으로 연산에 대해 이야기하기 전에 두 가지만 짚고 넘어가겠습니다.

: 수 세기

초등 1학년이 되는 자녀들을 둔 부모님들 중 '수 세기는 이미 다 뗐지'라고 이야기하는 분들 계신가요? 5세면 100까지는 셀 수 있다고 알려져 있으니 이런 말씀을 하시는 것도 무리는 아닙니다만 실제로 자녀들이 셀 수 있다고 해서 정말 완전히 자기 것으로 만들었다고 볼 수는 없습니다. 초등학교에 갓 들어간 아이가 100까지 셀 수 있다고 하면 '페이지 찾기 게임'을 한 번 해보십시오. 게임은 간단합니다. 아무 책이나 아이에게 한 권 주고 100쪽 이내의 페이지 숫자를 불러서 빨리 찾는지 보시면 됩니다. 생각보다 잘 못 찾을 겁니다.

수 세기 능력을 확인할 수 있는 방법은 여러 가지입니다. "자, 내가 부르는 수 다음을 세는 거야. 73." 이런 식으로 물어봐도 아이들이 어느 정도 수를 셀 수 있는지 쉽게 알 수 있습니다. 만약 아이들이 100까지의 수를 단순히 암기하고 있다면 이런 식의 세기는 따라하기 어렵습니다. 다음 그림과 같은 표를 이용해도 아이의 수 세기 능력을 확인할 수 있습니다.

1	2	3	4	5	6	7	8	9	10
11	12	13	14	15		17		19	
	22	23			26	27	28		30
31	32			35	36		38		40
41	42	43	44		46			49	50
51	52	53	54	55	56	57	58	59	60
	62	63		65	66		68	69	
	72	73	74	75		77	78	79	
81		83	84		86			89	90
91	92	93	94		96	97	98		100

초등 문제집에서는 다음과 같은 문제들을 쉽게 발견할 수 있습니다.

승우는 다음과 같이 수를 뛰어 세기 하고 있습니다. 같은 방법으로 273에서 5번 뛰어 세기 한 수를 구하시오.

120 – 220 – 320 – ……

이러한 문제들은 수 세기에 대한 기본이 튼튼하면 어렵지 않게 풀 수 있습니다. 이런 문제에 군이 대비하시려면 학교에 들어가기 전 뛰어 세는 놀이를 해두면 도움이 됩니다. 다음처럼 말입니다. 단, 이런 식의 세기는 놀이로만 하세요. 강요하지는 마십시오.

2씩 뛰기: 2, 4, 6, 8, 10, 12, 14, 16, 18, 20, 22, 24······

3씩 뛰기: 3, 6, 9, 12, 15, 18, 21, 24······

특정 지점에서 2씩 뛰기: 66, 68, 70, 72, 74······

특정 지점에서 4씩 뛰기: 56, 60, 64, 68······

수 세기는 모든 연산의 기본입니다. 아래처럼 묶어서 세면 곱셈이나 나눗셈을 하는 것과 마찬가지이죠.

아래의 별을 3개씩 묶으면 전부 몇 개이고 몇 묶음 나올까요?

(★★★) (★★★) (★★★) (★★★) ★★

수 세기는 너무 초보적이라고 생각하는 부모들이 많습니다만 수 세기가 완전하지 않으면 초등학교에 들어가서도 연산을 어려워합니다. 여러 가지 방식으로 꾸준하게 수 세기를 시키십시오.

: 십진수 체계

초등학교에서 배우는 수는 처음엔 한 자리에서 시작해서 두 자리, 세 자리 그리고 그 이상으로 발전합니다. 이 수들 모두 십진법에 근거하고 있습니다만 처음 수를 접하는 아이들은 십진법의 체계를 정확하게 이해하지 못하고 수 자체를 외우는 경향이 있습니다. 그러니 아이들이 십진수의 체계를 정확하게 이해하고 있는지 확인할 필요가 있습니다. 그래야만 큰 수를 배울 때 어려움을 겪지 않습니다.

십진수 체계를 이해시키려면 다음과 같은 표를 이용해도 좋습니다.

1	2	3	4	5	6	7	8	9	10
10 1	10 2	10 3	10 4	10 5	10 6	10 7	10 8	10 9	10 10
20 1	20 2	20 3	20 4	20 5	20 6	20 7	20 8	20 9	20 10

하지만 숫자만으로는 수가 나타내는 수량 정보를 시각적으로 전달하기 어렵기 때문에 아래 그림과 같은 방법을 이용하여 가르칠 필요가 있습니다.

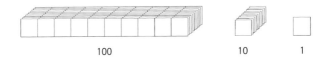

100   10   1

이런 방식으로 십진수 체계를 가르치면 나중에 소수를 가르칠 때에도 도움이 됩니다.

자, 그럼 덧셈과 뺄셈부터 보겠습니다.

2
덧셈, 뺄셈

1 • 덧셈, 뺄셈의 연산에서 꼭 익혀야 할 개념들 |

: 덧셈과 뺄셈, 그리고 차

더하기와 빼기는 엄연히 다른 연산입니다만 별개로 가르칠 필요는 없습니다. 아래 문제를 봅시다.

철수는 2개의 사탕을 가지고 있었습니다. 친구가 몇 개를 더 주었더니 철수가 가진 사탕은 6개가 되었습니다. 친구는 몇 개의 사탕을 더 주었을까요?
⇨ 2+□=6. 6-2=4

앞의 예제는 분명 덧셈과 관련된 문제이지만 뺄셈도 풀이 과정에 들어 있습니다. 일반적으로 덧셈을 먼저, 뺄셈을 나중에 가르치는 경향이 있습니다만 덧셈과 뺄셈을 항상 같이 공부하는 것이 좋습니다. 한 가지 더 유념해야 할 개념이 있답니다. 아래 문제를 보세요.

> 바구니에 바나나가 7개 들어 있습니다. 철수가 3개를 먹었으면 바구니에는 몇 개가 남아 있을까요?

> 왼쪽 바구니에는 토마토가 7개 들어 있고 오른쪽 바구니에는 사과가 3개 들어 있습니다. 토마토는 사과보다 몇 개 더 많을까요?

같은 문제처럼 보이지만 첫 번째 문제는 단순히 뺀다는 것에 초점을, 두 번째 문제는 비교하여 차(difference)를 구하는 데 초점을 둔 문제입니다. 뺄셈에서는 이 '차'의 개념이 생각보다 중요합니다. 실생활에서도 마찬가지입니다. '서울과 LA는 16시간 차입니다'라는 말을 생각해보세요. 수학에서는 단순히 빼는 것만으로는 이해할 수 없는 문제들도 있습니다. '3-9' 같은 문제도 그렇죠. 작은 수에서 큰 수를 빼는 것은 이해할 수 없습니다. '차'가 중요한 이유이지요. 뺄셈을 가르치실 때 '차'를 꼭 강조해 주십시오.

: 수 가르기
초등 1학년 수학 익힘책을 들여다보면 덧셈과 뺄셈을 하기 전에 수를 가르고 모으는 것부터 배웁니다. 수는 수량을 나타내고 수량은 쪼개질 수 있음을 알게 하는 것이 목적이지요. 그렇게 하기 위해선 숫자와 함께 그 옆에 숫자만큼의 돌이나 꽃을 그린다든지 하는 식으로 숫자의 수량을 나타내는 장치를 사용하는 것이 좋습니다. 집에서는 바둑돌을 사용하면 되겠군요. 이러한 작업은 수량과 수에 대한 감각을 키워줄 것입니다.

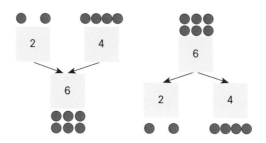

수 가르기, 모으기는 기초 중의 기초에 해당하지만 초등 저학년 수학에서 그 활용도가 높은 편입니다. 다음 문제들을 보세요.

문

버스에 13명이 있었는데 한 정거장에서 몇 명이 내렸더니 8명만 남았다. 내린 사람은 몇 명인가?

부모들은 이 문제를 방정식으로 받아들이기 쉽습니다. 13-□=8 이렇게 말입니다. 그런데 이 문제를 방정식으로 풀려면 설명하기가 좀 난처합니다. 부모들이 알고 있는 일차방정식의 해법에는 '이항(移項)' 과정이 들어 있습니다. 13-□=8에서 □와 8을 '='을 중심으로 좌우로 이항하면 13-8=□이 나오고 □=5를 쉽게 구합니다. 그러나 이런 풀이 과정을 아이들에게 설명하려면 좀 골치가 아픕니다. 무엇보다 '이항'을

우리 아이 수학박사 프로젝트

설명해야 하는데 등호를 기준으로 위치를 좌우로 바꾼다는 것을 설명하기도 어렵고 좌우로 바꿀 때 숫자의 부호가 바뀐다는 것도 설명하기 어렵습니다. "이항이라고, 나중에 배우겠지만, 그냥 등호를 중심으로 부호만 바꾸면 돼" 이렇게 설명하시겠습니까? 이 문제는 1학년 과정에 나옵니다.

수 가르기는 이런 방정식을 푸는 데도 도움이 됩니다. 이렇게 말입니다.

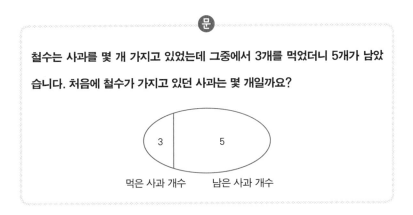

이 문제는 위의 그림처럼 가르기를 하면 금방 답을 구할 수 있습니다. □-3=5 이렇게 풀지 않아도 됨을 알 수 있습니다.

앞서 '모둠에 모두 7명이 있습니다. 여학생이 남학생보다 한 명 더 적습니다. 모둠 내 남학생은 몇 명입니까?'라는 문제를 제시하며 차근 차근 풀어나가는 방식을 제시한 바 있습니다만 수 가르기를 이용하면 이런 문제도 쉽게 풀 수 있습니다. 다음 문제를 보세요.

문

집 안에 개와 고양이가 모두 9마리 있습니다. 개가 고양이보다 3마리 더 많습니다. 집 안에 있는 개와 고양이는 각각 몇 마리입니까?

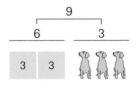

어떻습니까? 이 문제도 가르기로 쉽게 풀 수 있지요? 수 가르기는 이처럼 기본적인 문제에만 국한되는 것은 아닙니다. 다음과 같은 문제도 가르기로 풀 수 있습니다.

문

혜수는 연필을 43자루, 동생은 7자루를 가지고 있습니다. 두 사람이 가진 연필 수가 같아지려면 혜수가 동생에게 몇 자루를 나눠줘야 합니까?

이 문제는 이미 갈라진 수 (43, 7)을 모은 후 다시 동등하게 가르라는 문제로 받아들일 수 있습니다. 즉, (43, 7) ⋯ (25, 25)로 만들고 원래의 값과의 차이를 구하면 됩니다. 이런 문제를 43-□=7+□ 이렇게 풀어주는 부모님도 계실 겁니다. 최대한 간단하게, 이미 배웠던 내용을 바탕으로 아이들을 가르칠 필요가 있습니다. 다음 문제도 마찬가지입니다.

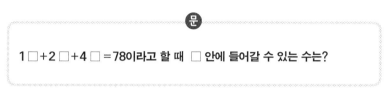

1□+2□+4□=78이라고 할 때 □ 안에 들어갈 수 있는 수는?

이 문제는 □+□+□=8의 형태로 다시 쓸 수 있습니다. 결국 8을 세 수로 가를 수 있는 방법이 몇 가지인지 묻는 문제가 됩니다.

수 가르기는 가장 기본이면서 가장 많은 문제에 적용할 수 있는 방법입니다. 수 가르기와 모으기를 여러 문제에 적용해보세요. 수를 쪼개고 결합하는 과정을 통해 수에 대해 가지고 있는 막연한 두려움을 없앨 수 있을 겁니다.

: 더해서 10, 그리고 그 이상

수를 가르고 모을 때 가장 중요한 것은 10을 가르고 모으는 일입니다. 수를 가르고 모을 때는 되도록 단순한 도형을 사용하고 배열도 규칙적으로 하는 것이 좋습니다. 그래야만 한눈에 들어오고 규칙성을 발견하기 쉽기 때문입니다.

10을 가르고 모으는 일을 하도록 도와주려면 모든 경우를 다 시켜

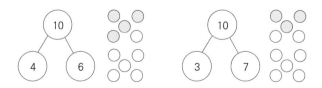

보세요. (1, 9), (2, 8), (3, 7), (4, 6), (5, 5), (6, 4), (7, 3), (8, 2), (9, 1) 이렇게 말입니다. 경우의 수에 대한 개념과 수의 규칙성을 덤으로 배울 수 있을 것입니다.

아이가 아직 미진하다 싶으면 '더해서 10' 놀이를 해보는 것도 좋습니다. 책상 위에 1에서 9까지의 숫자를 적은 카드를 늘어놓고 마주 앉습니다. 그 다음 시작 소리와 함께 합이 10이 되는 카드들을 모으는 겁니다. 먼저 많이 모으는 사람이 이기는 게임이죠. 물론 적당히 져주시는 것이 포인트입니다. 이 게임은 더해서 20, 더해서 30, 더해서 50, 더해서 100과 같은 형태로 변형이 가능합니다. 더해서 100과 같은 게임을 할 때는 10단위 카드를 쓰거나 1단위 카드를 쓰거나 하는 식으로 게임을 더 어렵게 만들 수 있습니다. 아래 그림에는 카드가 12장밖에 없습니다만 카드의 수는 얼마든지 늘려도 좋습니다. 단, 아이가 싫증 내지 않을 정도여야 합니다.

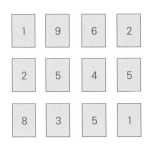

'수 가르기'와 '더해서 10' 등의 학습을 통해 수를 다루는 일에 어느 정도 익숙해졌다면 더해서 10을 넘어가는 덧셈도 쉽게 할 수 있을 겁니다. 8+9=8+2+7=10+7=17 이런 식으로 말입니다.

이 과정을 시각적으로 보여주고 싶으시다면 수직선을 활용하는 것이 좋겠습니다. 9+4를 하는 경우를 생각해봅시다. 이 경우 머릿속에선 9에서 1을 먼저 더하고 나중에 3을 더하는 과정을 거치게 됩니다. 수직선을 이용하면 머릿속에서 일어나는 이 과정을 시각화할 수 있다는 장점이 있습니다. 아래처럼 말이죠.

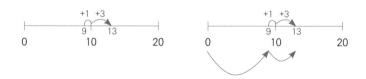

저는 위에 두 가지의 수직선을 표시하였습니다. 어떤 차이가 있는지 아시겠습니까? 왼쪽 수직선은 9에서 바로 출발하였지만 오른쪽 수직선에서는 0에서 9만큼 이동한 후 다시 4만큼 더 이동했습니다. 그게 그거 아니냐고요? 절대 그렇지 않습니다. 아이들이 연산을 배우기 전 수 세기를 이용해 4에 3을 더하는 경우를 생각해보면 쉽게 알 수 있습니다. 어떤 아이들은 한쪽 손의 손가락 네 개와 다른 쪽 손의 손가락 세 개를 편 후 처음부터 세서 7이란 답을 구하기도 하지만, 어떤 아이들은 손가락 세 개만 펴면서 입으로는 '다섯, 여섯, 일곱' 이렇게 세기도 합니다. 후자인 경우 4란 수를 기준으로 출발해도 셀 수 있다는 것을 안다는 뜻이지요.

위의 왼쪽 수직선에서도 마찬가지입니다. 9에서 출발할 수 있는 아이들은 굳이 0부터 출발하지 않고 9부터 출발해도 된다는 것을 알고 있다는 뜻입니다. 수직선 위의 수는 좌표인 동시에 크기를 나타냅니다. 9에서 출발할 수 있는 아이들은 수직선 위의 수가 '크기와 좌표'를 동시에 나타낸다는 사실을 무의식적으로 알고 있다고 할 수 있습니다. 수직선 위의 수가 좌표인 동시에 크기를 나타낸다는 사실에 익숙해지도록 도와주어야 합니다.

수직선을 수량으로 표시하는 것도 아이들의 수 감각에는 도움이 됩니다. 이렇게 말입니다.

9+4=9+1+3:　○○○○○○○○○● ●●● ○○○○○○○

：자릿값

수가 10을 넘어가기 시작하면 더하거나 뺄 때 자릿값이 문제가 됩니다. 혼란을 막기 위해 그림으로 우선 설명하세요. 15+7을 예로 들어볼까요? 먼저 그림을 봅시다.

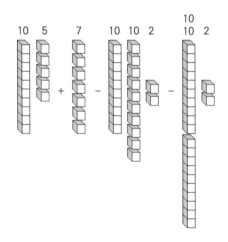

아이들에게 자릿값은 '끼리끼리' 계산할 때 필요한 규칙이라고 가르치셔도 됩니다. 낱개는 낱개끼리 더하고 더한 개수가 10이 되면 10개가 뭉쳐 있는 곳으로 보내서 자기네끼리 계산하도록 하라는 식으로 얘기하셔도 됩니다. 처음 연산을 하는 아이들에게 '끼리끼리' 계산에 익숙해지도록 하는 것은 중요합니다. 세로식을 이용하지 않는 연산과 암산에 필수적이기 때문입니다. 다음과 같은 문제는 '끼리끼리' 계산과 관련된 대표적 문제라 할 수 있습니다.

> **혜정이네 반은 여학생이 10명씩 3모둠이고, 남학생이 10명씩 3모둠과 6명입니다. 혜정이네 반 학생은 모두 몇 명인지 알아보시오.**

자릿값을 설명하기에는 묶음과 낱개로 된 모형이 가장 좋습니다만 자릿값, 특히 큰 수와 관련된 문제를 접할 때에는 돈을 이용한 방법이 쉬울 수도 있습니다. 아이들이 묶음과 낱개 모형을 충분히 이해하고 있다고 생각되면 돈을 이용한 방법을 써보세요. 다음 문제를 보시죠.

> **수수깡과 색종이가 각각 다음과 같은 개수만큼 있습니다. 수수깡과 색종이 중 어느 것이 더 많은지 알아보시오.**
>
> | | 10개씩 묶음 | 낱개 |
> |---|---|---|
> | 수수깡 | 5 | 5 |
> | 색종이 | 2 | 18 |

색종이의 경우 20+18을 해야 합니다만 1학년 학생들에게 이 정도의 문제는 아직 어렵습니다. 같은 문제를 돈으로 바꿔서 내보십시오. 10원짜리 두 개, 1원짜리 18개면 얼마? 이런 식으로 말입니다. 아이들은 생각보다 훨씬 더 쉽게 답할 겁니다. 10원짜리 두 개면 20원, 1원짜리 18개면 18원, 도합 38원 이렇게 말입니다. 아래처럼 숫자가 커지는 경우도 예외는 아닙니다.

문구점에 **빨간색 구슬이 100개씩 3상자** 있고, **파란색 구슬이 10개씩 60상자** 있습니다. 이 중에서 **빨간색 구슬 1상자**와 **파란색 구슬 40상자**를 팔았습니다. 남은 구슬은 모두 몇 개인지 알아보시오.

2학년이면 아직 $10 \times 60 = 600$을 쉽게 대답하지 못할 때입니다. 그러나 10원짜리가 10개면 100원이란 것 정도는 잘 알고 있습니다. 조금은 더듬거리겠지만 10개씩 60이란 표현도 겨우 대답은 할 수 있을 겁니다. 돈으로 바꾸어 문제를 푸는 것이 편리하기는 하지만 묶음과 낱개의 모델을 이용한 자릿값 개념을 소홀히 해서는 안 됩니다. 십진수 체계를 보편적으로 설명할 수 있는 모델이기 때문입니다.

: 세로식 vs. 가로식

아이들이 다루는 수는 점점 커집니다. 10 이하이던 것이 50, 100을 넘어가기 시작하면서 아이들은 세로식을 접하게 됩니다. 세로식은 조금 당황스럽습니다. 무엇보다 자릿값을 지켜야 하는데다 '올리고' '빌려주고' 등의 용어도 생소합니다. 다음 예들을 봅시다.

우리 아이 수학박사 프로젝트

15+7의 5+7=12에서 어른들은 12의 1은 15의 1 위로 '올려주라'고 하고 이때 올려주는 1은 10이라고 말합니다. 1이 10이란 말도 이해하기 힘든데 '올려주라'는 말은 더욱 그렇습니다. 하필 15의 10 위에 1을 놓는 것이라 올려준다는 말을 1 위에 놓는다는 말로 오해하기 딱 좋습니다. 15에서 7을 세로식으로 빼는 것도 마찬가지입니다. '5에서 7을 뺄 수 없으니 10을 빌려오고 10에서 7을 뺀 다음 5를 더한다' 식으로 설명하는 것은 정말 이해하기 힘듭니다. 덧셈보다는 뺄셈이 더 어려운 편이죠. 묶음과 낱개 모델을 통한 자릿값의 개념이 꼭 필요한 곳입니다.

세로식으로 계산할 때의 황당한 실수에 대해서는 『아이들은 왜 수학을 어려워할까?』에서 언급한 바 있습니다. 몇몇 예를 들어보도록 하죠.

$$
\begin{array}{r}
1\ 5 \\
+\quad 7 \\
\hline
1\ 2
\end{array}
\qquad
\begin{array}{r}
1\ 5 \\
+\quad 7 \\
\hline
8\ 5
\end{array}
\qquad
\begin{array}{r}
5\ 4 \\
-\ 2\ 8 \\
\hline
3\ 4
\end{array}
\qquad
\begin{array}{r}
4\ 0\ 6 \\
-\quad\ \ 9 \\
\hline
3\ 0\ 7
\end{array}
$$

5+7을 한 후 10을 더하지 않음.

7을 10의 자리에 놓고 계산함.

무조건 큰 수에서 작은 수를 뺀 경우.

100을 빌려오면서 10을 빌려온 것으로 여긴 경우.

그 외에도 생각할 수 있는 모든 경우의 황당한 계산들을 많이 발견할 수 있습니다. 에이, 설마 그럴까? 싶겠지만 여러분의 아이들도 이런 계산을 충분히 할 수 있습니다. 그러나 가로식은 이런 오류를 범할 확률이 낮습니다. 사실 저는 가로식을 애용하는 편입니다. 아이들의 암산에도 도움이 되지요. 15+17을 계산하면 10의 자리를 먼저 계산하여 20, 5와 7을 더하면 12, 20과 12를 계산하면 32 이렇게 되죠. 요즘에는 가로식을 계산하는 것도 문제로 많이 나옵니다. 이런 식이죠.

네모 속에 들어갈 답은 580입니다만 어른들 중에도 이게 뭐야? 하는 반응을 보일 분들도 있을 겁니다. 문제의 의도는 780에서 200을 빼라는 것이지만 표시는 마치 780에서 2를 빼라고 한 것처럼 보이는 게 사실입니다. 아이들은 더 어렵게 여기겠죠. 이런 식의 문제보다는 250+140=(250+100)+□=□+40=□ 같은 유형의 문제가 더 바람직해 보입니다.

가로식은 덧셈은 편한데 뺄셈은 불편하다고 생각하는 부모님들도 계실 겁니다. 충분히 그렇게 생각할 수 있습니다. 하지만 생각만큼 그렇지는 않습니다. 30-17 같은 문제를 봅시다. 늘 하던 대로라면 10에서 7을 빼고 20에서 10을 빼서 13을 얻을 수 있습니다. 이걸 이렇게 풀면 좀 더 쉽습니다. 먼저 27에서 17을 빼고 그 다음 3을 더하는 식이죠. 수 가르기를 응용한 것입니다(30-17=3+27-17=3+10=13). 이 방식이 아니더라도 아이들은 저마다 특유의 방법을 이용하여 문제를 풉니다. 만약 그 방식들이 합리적이라면 아이의 선택을 존중해주십시오.

세로식은 분명 장점이 있습니다. 하지만 자릿수란 제약이 있고 꼭 1의 자리부터 계산해야 한다는 불편함이 있습니다. 세로식의 자릿값의 폐해는 소수의 곱셈같이 전혀 엉뚱한 곳에서 나타나는 경우도 있답니다. 예를 들어보겠습니다.

우리 아이 수학박사 프로젝트

$$
\begin{array}{r}
34.54 \\
\times \quad 2.3 \\
\hline
\end{array}
$$

어떻습니까? 실제로 이런 경우를 보았습니다. 하지만 그렇다고 해서 세로식을 가르치지 말라는 뜻은 아닙니다. 큰 수의 계산에는 정말 편리하니 말입니다. 아이들이 세로식을 이용하지 않고 나름 독창적인 방법으로 계산을 한다면 그것을 존중하고 장려할 필요가 있습니다.

: 수직선

수직선은 단순 계산에서 복잡한 방정식에 이르기까지 그 활용도가 매우 높습니다. 그 예를 몇 가지 들어보겠습니다. 먼저 단순 계산부터 보죠. 덧셈에서의 수직선 활용은 이미 보여드렸으니 뺄셈에서의 활용을 예로 들겠습니다. 200-56을 한번 볼까요? 해답은 아래 그림과 같습니다.

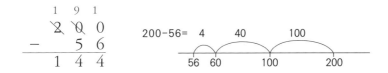

이처럼 수직선을 이용하여 뺄셈을 할 수 있으려면 뺄셈이 '차'를 구하는 과정이라는 사실을 아이가 숙지하고 있어야 합니다. 수직선에서 뺄셈이란 왼쪽으로 가라는 약속이라는 사실도 물론 알고 있어야 하죠. 수직선으로 문제를 풀면 생각보다 빨리 풀 수 있습니다. 그리고 무엇보다 아이가 가지고 있는 마음속의 자를 엿볼 수 있다는 점에서 좋은 방법입니다. 아이들에게 수직선을 그려보라고 하면, 특히 수직선 위에 눈금을 표시해보라고 하면 아주 재미있는 결과를 볼 수 있을 겁니다.

뺄셈이 '차'를 구하는 과정이라는 사실을 알고 있지 못하다면 위 수직선은 다시 그려야 합니다. 이렇게요.

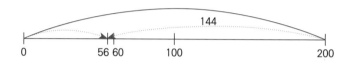

첫 번째 그림이 200에서 56으로 움직이는 그림이라면 두 번째 그림은 말 그대로 200에서 56을 빼는 그림입니다. 두 번째 그림은 수직선을 제대로 활용했다고 할 수 없습니다. 뺄셈이 '차'를 구하는 과정이란 개념, 수직선에서의 뺄셈이란 왼쪽으로 움직이라는 것에 대한 개념이 없다고 할 수 있습니다.

수직선을 활용하면 좋은 문제들이 이 외에도 많이 있습니다. 보기를 좀 더 들겠습니다.

어떤 값에서 5를 뺐더니 3이 되었는데 여기에 다시 얼마를 더했더니 7이 되었다면 원래의 값과 더한 값은 얼마인가?

이 문제는 원래 다음 그림처럼 네모와 타원을 채우라는 형식으로 나옵니다. 이 문제는 쉽게 암산으로도 풀 수 있습니다만 수직선으로 풀면 금방 그 의도를 파악할 수 있지요. 이런 형태의 문제는 '버스에 사람이 타고 내리거나 물건을 주고받았을 때 처음 버스 승객의 수는 얼마인가?' 또는 '원래 가지고 있던 물건의 개수는 얼마인가?' 등의 형태로 바뀌어 나옵니다. 어떤 경우라도 수직선을 이용한다면 쉽게 풀 수 있을 것입니다.

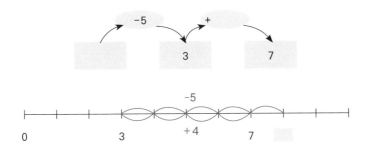

수직선을 직접 이용하여 묻는 문제도 많이 볼 수 있지요. 대표적인 문제는 아래 그림과 같습니다.

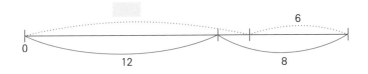

쉬운 문제입니다만 생각보다 까다롭습니다. 무엇보다 등가(等價)의 개념이 부족한 아이들은 이 문제 자체를 잘 이해하지 못합니다. 수직선 위의 값들을 더하면 수직선 아래 값들을 더한 값과 같다는 사실을 파악하지 못한다는 뜻이죠. 게다가 아이들은 수직선 위에서 수식을 이런 식으로 달리 표현할 수 있다는 것에도 익숙하지 않습니다. 이런 문제를 통해서 하나의 대상을 수학적으로 달리 표현할 수 있다는 것을 가르쳐줄 필요가 있습니다.

문

두 수를 더하면 725, 큰 수에서 작은 수를 빼면 241이 될 때, 두 수를 구하시오.

'두 수를 더해서 6 빼면 2가 될 때, 두 수를 구하시오' 정도의 문제라면 6을 갈라서 (1, 5) (2, 4) (3, 3) 정도에서 답을 금방 찾을 수 있지만 값이 커지면 '이원일차연립방정식'을 이용하지 않는 한 문제를 해결하기 어렵습니다. 그런데 이런 문제가 방정식을 배우지 않은 상태에서 나온다면 어떻게 해야 하나요? 해답지를 보면 이원일차연립방정식이란 용어를 쓰지는 않지만 연립방정식의 풀이를 따르고 있는 것을 쉽게 찾을 수 있습니다. 이 문제도 수직선을 이용하면 쉽게 풀 수 있습니다.

큰 수를 □, 작은 수를 ■라고 하면 큰 수와 작은 수를 더해서 725, 빼면 241이므로 수직선 위에 그림처럼 표시할 수 있습니다. 그림에서 보면 ■ 두 개를 더하면 484가 나오는 것을 알 수 있습니다. 그러므로 작은 수는 242, 큰 수는 483이라는 것을 알 수 있습니다. 물론 이런 문제는 세 자리 수의 나눗셈이 가능한 3학년이나 4학년에서 풀 수 있습니다. 그렇다고 이런 문제가 2학년에 나오지 않는 것은 아닙니다. 더했을 때 14, 뺄 때 2 정도로 값이 작아져서 나오지요.

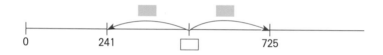

: 등호(=)의 의미

연산에서 등호는 상당히 중요한 개념입니다만 그 중요도를 간과하는 경우가 많습니다. 본격적인 연산을 하기 전 아이들의 셈에서는 등호가 존재하지 않습니다. "2+3은 얼마지?"라고 물었을 때 아이가 5라고 대답해도 그 문장 속에 2+3과 5만 있을 뿐 '='는 없습니다. 초등학교에 갓 들어간 아이들을 보면 그것을 더 잘 알 수 있습니다. 처음 연산을 하는 아이들을 보면 '=' 없이 답만 쓰는 경우가 많습니다.

아이들이 '='를 쓰지 않는 것은 시간이 지나면 해결됩니다만 그보다 더 큰 문제는 아이들이 '='에 대해 잘못된 개념을 가지고 연산을 한다는 데 있습니다. 부모님들 중에도 등호의 개념을 완벽히 알고 있지 않은 분들이 있을 겁니다. 아이들에게 '='는 '좌변의 계산을 하면' 또는 '~는'의 의미인 경우가 많습니다. 즉, '2+3을 하면'의 개념이거나 '2+3은~'의 개념이란 뜻이죠.

초등 1학년인 경우 이렇게 등호를 이해하고 있다면 10=4+□, 혹은 2+5=2+3+□ 같은 문제가 나오면 어려워합니다. 10=4+□는 원래 좌변을 계산해야 우변이 나오는데 이미 좌변이 나와 있어 그 다음을 어떻게 해야 할지 모르기 때문이고 2+5=2+3+□는 좌변을 계산하여 7이란 값을 구했는데 이 값을 어디에 써야 할지 모르기 때문입니다.

등호 개념이 확실해야 풀 수 있는 문제들이 제법 많습니다. 몇몇 예를 들겠습니다.

25 + 155 = 25 + □ - 5 = □ - 5 = □. □안에 알맞은 수를 써넣으시오.

이 문제는 2+5=2+3+□ 같은 문제를 더 발전시킨 형태이죠. 좌변과 우변을 따로 계산하여 방정식을 풀라는 문제가 아니죠. 다음 문제는 이런 유형의 문제를 조금 더 발전시킨 형태입니다.

85 - 22 = 63, 63 - 40 = 23. 이 두 식을 하나의 뺄셈식으로 만들어보시오.

초등학교 수학에서 등호의 개념이 가장 극단적으로 쓰이는 곳은 '이원일차연립방정식'입니다. 초등수학에서는 연립방정식이 안 나오는데? 이렇게 생각하실 수도 있습니다. 맞습니다. 연립방정식은 나오지 않습니다만 그런 형태의 문제들은 얼마든지 접할 수 있습니다. 다음 문제를 보시죠.

● = ◎ -13, ◆ + ◎ = 16일 때 ● + ◆은?

이 문제는 기호를 사용했지만 본질적으로는 '85 - 22 = 63, 63 - 40 = 23. 이 두 식을 하나의 뺄셈식으로 만들어보시오' 같은 문제와 다르지 않습니다. 이 문제는 분명 연립방정식의 형태입니다. 이런 문제를 풀 때 등호에 대한 개념이 없으면 접근하기 쉽지 않습니다.

등호는 좌변과 우변이 같음을 알려주는 기호입니다. 등호를 중심으로 좌변과 우변이 같다는 것을 항상 강조해주십시오. 저는 등호의 개념을 강조하기 위해 "엉덩이나 궁둥이나 같지?" 혹은 "아빠가 양복을 입고 있는 경우나 작업복을 입고 있는 경우나 다 같은 아빠지?"라고 말하곤 했습니다. 처음에 식을 쓸 때 2+3=5처럼 쓰지만 마시고 5=2+3이라고 쓰거나 양팔 저울 위에 좌변과 우변을 표시하는 것도 좋은 방법입니다.

2 · 덧셈, 뺄셈에서의 문제 푸는 방법 찾기 |

위에서 덧셈, 뺄셈을 할 때 필요한 기본적 개념들에 대해 언급을 했습니다. 이 장에서는 그 외에 문제집에 나오는 문제들을 해결하는 데 필요한 몇몇 양념들에 대해 얘기해 보겠습니다.

: 식 읽기

> 43-8-6-7 = 29에서 계산이 맞도록 필요 없는 수에 ×표 하시오.

대부분의 수학 문제는 문제를 푸는 데 필요한 조건을 주고 그 조건을 바탕으로 문제를 풀도록 구성되기 때문에 어떤 문제를 풀려면 먼저 문제를 분석해야 합니다. 제가 아이와 함께 공부할 때 가장 강조하는 것도 바로 이 점입니다. 문제를 분석할 때 가장 중요한 일은 문제를 읽고 그 문제에 대해 자신이 이해한 바를 말하게 하는 일입니다. 위의 문제처럼 식만 나온 경우라도 그 식을 스스로 이해할 때까지 의미를 되새기게 하는 일이 필요합니다. 위 문제에서 제가 생각하는 정답은 "43에서 얼마를 뺐더니 29가 나왔다. 그러면 그 얼마를 구성하는 두 수는 무엇인가?"입니다. 아이들 입에서 이런 말이 나올 때까지 부모는 차근히 유도할 필요가 있습니다. 대화를 통해 유도하는 방법에 대해서는 후에 따로 더 얘기하겠습니다.

식을 잘 읽을 수 있으면 다음처럼 어려운 문제가 나와도 쉽게 풀 수 있습니다.

다음 덧셈식에서 ★, ■, ▲는 각각 서로 다른 숫자이고 같은 모양은 같은 숫자를 나타냅니다. ★, ■, ▲를 각각 구하시오.

이런 유형의 문제는 덧셈, 뺄셈뿐 아니라 곱셈에서도 흔히 접할 수 있습니다. 문제마다 달라서 정해진 해법은 없습니다만 식을 읽는 (해석하는) 법만 제대로 익힌다면 이런 문제도 어렵지는 않습니다. 이 식을 제대로 읽었다면 다음과 같은 내용을 말할 수 있어야 합니다.

① 같은 두 수(▲)를 더했을 때 1의 자리는 4다. 이런 조건을 충

족하는 수는 2 혹은 7이다.

② 서로 다른 두 수(★, ■)를 더했을 때 그 값은 20을 넘지 못한다. 그러므로 ■=1이다.

③ 서로 다른 두 수 ★, ■를 더했을 때 만들어지는 두 자리 수의 1의 자리에는 1이 온다. ■=1인 상태에서 두 수를 더해 끝자리가 1이 되려면 ★은 0이거나 ▲+▲=14여서 이때 올라온 1과 ★을 더해서 1의 자리가 0이 되면 된다. 이 경우 ★의 값은 9이고 ▲=7이다.

서술식으로 나온 문제들을 이렇게 분석할 수만 있다면 초등 수학의 90%는 끝낸 셈입니다. 각 문장의 조건들을 자신만의 생각대로 읽어낼 수 있을 때까지 문장을 분석하는 방법을 아이들에게 가르쳐주시기 바랍니다.

: 어림하기

다음 문제들을 한번 보세요.

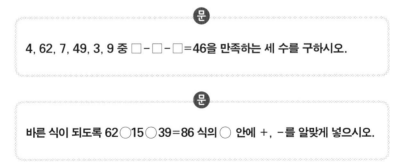

문

4, 62, 7, 49, 3, 9 중 □-□-□=46을 만족하는 세 수를 구하시오.

문

바른 식이 되도록 62○15○39=86 식의 ○ 안에 +, -를 알맞게 넣으시오.

위의 문제들을 푸는 방법은 여러 가지가 있을 겁니다. 이런 문제들의 경우, 저는 무엇보다 어림하기를 가장 중요하게 생각합니다. '어림'은 대략적인 값을 추정한다는 뜻이지요. '어림'은 말 그대로 '어림'하면 됩니다. 아이들도 '어림'은 잘 합니다. '어림'은 정확하게 맞아야 할 필요가 없기 때문이죠. 자유롭게 '얼마쯤 될 거야' 추측하고 실제 값을 알아보는 어림의 과정을 통해 아이들은 수학의 기본적인 원리를 배워나갑니다. 그런데 어림을 잘 할 줄 아는 아이들도 정작 숫자로 이뤄진 '어림' 문제를 들이대면 딱 얼어버립니다. 위에서 예로 든 4, 62, 7, 49, 3, 9 중 □-□-□=46를 만족하는 세 수를 구하라는 문제가 꼭 그렇습니다. 어림하지 않는다면 하나하나 넣어서 푸는 수밖에 없습니다. 물론 그렇게 구할 수도 있지요. 이럴 땐 아이들이 어림할 수 있도록 도와주세요. 그것이 부모들이 할 일이죠. 이렇게 말해보는 건 어떨까요?

> 아빠 │ 이 식하고 비슷한 상황은 어떤 것이 있을까?
>
> 아이 │ 구슬 나눠주기는 어때?
>
> 아빠 │ 그럼 이 식에 맞춰서 얘기해봐.
>
> 아이 │ 구슬이 몇 개 있었는데 명수에게 몇 개 주고 철우에게 몇 개 주었더니 46개가 남았어.
>
> 아빠 │ 그럼 처음엔 몇 개 있어야 할까?
>
> 아이 │ 처음엔 46개보다 훨씬 많아야 하겠네? 그럼 62이나 49 정도일까? 49는 46랑 차이가 너무 작아서 62가 낫겠다. 그럼 16개를 나눠주었다는 뜻이니까 16개를 나누는 방법은 7이랑 9야.

미국의 국가 수학교사 위원회(National Council of Teachers of

Mathematics: NCTM)는 2006년, "초등 3학년생이면 암산, 어림 또는 종이에 직접 쓰는 과정을 통해 수를 이해할 수 있는 능력을 길러야 한다"라고 발표하였을 정도로 '어림'은 수에 대한 이해와 밀접한 관계를 가집니다. 수학에서 어림이 차지하는 위상은 생각보다 높습니다. 아이들이 올바른 방법으로 어림할 수 있도록 부모들의 지도가 필요합니다.

: 거꾸로 생각하기

모든 연산은 거꾸로 계산하는 과정을 포함하고 있습니다. 덧셈은 뺄셈을, 곱셈은 나눗셈을 가지죠. 문제를 푸는 과정도 마찬가지입니다. 문제집에는 거꾸로 생각해야만 풀 수 있는 문제들이 많이 있습니다. 거꾸로 생각하라는 것을 의식적으로 강조할 필요가 있습니다. 거꾸로 생각하기와 관련된 가장 간단한 문제는 다음과 같습니다.

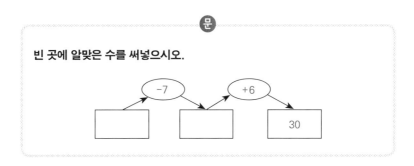

아주 간단한 문제이지만 풀이 과정은 아래처럼 훨씬 더 복잡한 문제의 풀이 과정과 조금도 다르지 않습니다. 다음과 같이 복잡한 문제를 풀 때 위의 간단한 문제를 떠올릴 수 있으면 좋겠습니다.

문

90권의 공책을 현숙, 은후, 진경이 나누어 가졌습니다. 잠시 후 현숙이는 은후에게 7권을 주고, 은후는 진경이에게 3권을 주고, 진경이는 현숙이에게 8권을 주었더니 세 사람이 가진 공책의 수가 똑같아졌습니다. 처음에 은후가 가졌던 공책은 몇 권인지 풀이 과정을 쓰고 답을 구하시오.

복잡한 문제이지만 풀이 과정은 위의 첫 예제와 같습니다. 은후가 가졌던 공책만 놓고 그림을 그리면 다음과 같죠.

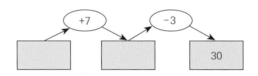

복잡한 문제가 간단한 문제로 바뀐 것을 알 수 있습니다. 기본적인 문제를 풀면서 문제가 가지고 있는 의미를 아이들에게 잘 전달한다면 나중에는 아이들도 문제를 쉽게 바라볼 수 있을 겁니다.

: 경우의 수

문

3, 4, 2, 1 네 장의 숫자 카드 중 2장을 한 번씩만 사용하여 만들 수 있는 몇 십 몇인 수 중에서 30보다 크고 40보다 작은 모든 수의 합을 구하시오.

몇 장의 숫자 카드를 주고 이들을 조합해서 만든 수 중 조건에 맞는 수는 몇 가지인가? 하는 유형의 문제는 문제집에서 쉽게 발견할 수 있습니다. 이런 기회를 이용하여 아이들이 숫자를 조합하는 방법을 연습할 수 있도록 도와주십시오. 방법은 간단합니다. '순서대로' '빠트리지 말고' 하면 됩니다.

1	2
1	3
1	4

2	1
2	3
2	4

3	1
3	2
3	4

4	1
4	2
4	3

이런 문제를 처음 접하는 아이들이 수를 조합하는 것을 한번 지켜보면 '순서대로', '빠트리지 말고'를 강조한 의미를 알 수 있을 겁니다. 지겹겠지만 이런 연습을 반복하면 6학년 2학기에 경우의 수를 배울 때도 도움이 됩니다.

: 생활 속 수학

성민이는 800원으로 3가지 음식을 사려고 합니다. 어떤 것들을 살 수 있습니까? 핫케이크 400원, 콜라 240원, 아이스크림 140원, 우유 310원, 빵 210원, 떡은 430원이라고 한다.

500원짜리 동전 한 개를 50원짜리와 10원짜리로 바꾸는 방법은 모두 몇 가지인가?

덧셈과 뺄셈, 혹은 수와 관련된 문제들을 보면 의외로 동전을 이용하는 경우가 많이 나옵니다. 이런 문제들은 실제로 생활에서 경험할 수 있는 것들을 담고 있습니다. 문제를 푸는 것도 마찬가지입니다. 실제로 한번 해보는 것이 이 문제들을 푸는 데 도움이 될 것입니다. 아이들은 이러한 경험을 통해 수학이 실생활과 멀리 떨어져 있지 않음을 알게 될 것입니다.

tip 덧셈, 뺄셈을 좀 더 잘 하려면

····› 아이가 1학년인가요? 수 세기는 어디까지 와 있나 알아보세요. 뛰어 세기, 페이지 찾기 게임을 적극 추천합니다.

····› 나무 블록 등을 이용하여 십진수 체계를 완전하게 이해시키세요. 돈을 활용하셔도 좋습니다.

····› 10 가르기를 연습시키세요. 10을 넘어가는 덧셈이나 뺄셈의 기본이 됩니다.

····› 아이에게 '='가 무엇인지 물어보세요. 등호의 의미를 잘 알려주어야 합니다.

····› 세로식보다는 가로식 계산법을 먼저 가르치고 암산을 자주 시키세요.

····› 덧셈과 뺄셈에 수직선을 적극 이용해보세요.

3

곱셈, 나눗셈

　'곱셈과 나눗셈은 구구단에서 시작한다.' 어떤가요? 맞습니까? 제가 어렸을 때 누나는 학교도 들어가기 전에 구구단을 외웠습니다. 요즘 아이들도 마찬가지죠. 제 아이도 그랬습니다. 요즘 부모들은 아이들이 손가락셈을 떼자마자 구구단부터 외우게 합니다. 그러니 곱셈과 나눗셈이 구구단에서 시작한다는 말도 일리가 있습니다. 하지만 아이들에게 가르칠 때는 조금 다른 입장에서 접근하는 것이 좋겠습니다. 덧셈과 뺄셈을 배우자마자 그것과 관계가 없어 보이는 곱셈을 배워야 한다면 아이들이 얼마나 힘들겠습니까? 사실 곱셈은 덧셈의 연장이라 할 수 있죠. 그러니 구구단을 외우게 하면서 마치 새로운 것을 배운다는 느낌을 들게 하지 않는 것이 좋겠습니다.

1 · 곱셈, 나눗셈의 핵심 개념들 |

: 용어

아이들은 곱셈의 개념을 생활 속에서 쉽게 접하게 됩니다. 곱셈에서 가장 흔하게 접하는 표현은 '~씩 ~개 ~묶음' 등인데 아이들은 이런 표현에 상당히 익숙한 편입니다. 제 아이가 어렸을 때 "사과 두 개씩 세 묶음이면 전부 몇 개지?" 식의 문제를 내자 잠깐 망설이다 6개라고 정확하게 대답했던 것을 기억합니다. 학교에 들어가기 전이고 구구단도 몰랐고 손가락셈을 하고 있을 때였는데도 말입니다. 아이들은 사탕을 나눠먹는 행위나 마트 판매대에 널린 묶음 상품을 보는 경험 등을 통해 생활 속의 묶음, ~씩을 자연스럽게 익히고 있습니다. 곱셈을 가르치는 것도 이러한 아이들의 경험을 바탕으로 시작하는 것이 좋습니다. 문제집의 곱셈 부분에서 처음 다루는 것도 바로 용어와 관련된 내용입니다.

문

승준이는 공책을 2권씩 5묶음을 사고, 스케치북을 3권씩 4묶음 샀습니다. 승준이가 산 공책과 스케치북은 모두 몇 권입니까?

문

그림을 보고, □ 안에 알맞은 수를 써넣으시오.

문

: 그림으로 나타내기

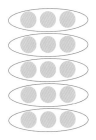

위 그림은 3개씩 5묶음을 나타낸 것입니다. 이미 덧셈을 배운 아이들이라 이 그림은 3+3+3+3+3으로 나타내도 무리가 없을 것입니다. 교과서에서는 이것을 3+3+3+3+3=3×5라고 나타내고 '×'가 '곱하기'라고 읽는다는 것과, 동일한 수량을 반복하여 더할 때 곱셈으로 나타낼 수 있다는 것을 얘기하고 있습니다. 여기에 하나 더 덧붙이자면 '곱셈기호는 동일한 수의 개수를 나타낼 때 생략할 수 있다'는 것을 알려줄 필요가 있습니다. 아이들은 곧 a+a+a+a+a=5a 같은 표현을 접하게 되는데 이럴 때 문자인 a를 다섯 번 더한다고 해서 5a가 된다는 것을 아이들은 쉽게 받아들이지 못하기 때문입니다.

곱셈을 위와 같은 그림으로 표현하는 일은 흔히 봐와서 뭐 그리 대단한가 싶지만 이 그림을 이용하면 여러 개념들을 설명하기 쉽습니다. $3 \times 5 = 3 \times 4 + \square$ 같은 문제를 보세요. 이 문제는 단순히 우변과 좌변을 계산하여 $\square$를 채우라는 의도가 아닙니다. 여러분들도 아시겠지만 이 문제는 배분법칙을 간접적으로 나타내는 문제입니다. $3 \times 5 = 3 \times (4+1)$을 설명하기 위한 문제이죠. 곱셈을 처음 시작하는 아이들에게 배분법칙이란 설명하기 힘든 개념입니다. 그러나 이 문제를 그림으로 놓고 보면 쉽습니다.

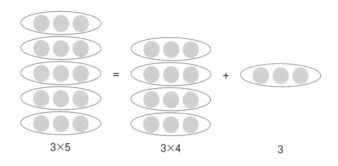

그림을 이용하면 3×1 혹은 3×0의 개념도 설명하기 쉽습니다. 아래 그림을 볼까요?

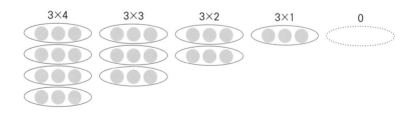

우리 아이 수학박사 프로젝트

사실 어떤 수에 1을 곱하거나 0을 곱한다는 것의 의미를 아이들에게 설명하기 어렵습니다. 1을 곱하지 않아도 그 수에 변함이 없는데 1을 왜 곱하는지 알 수 없고, 없으면 없는 것이지 굳이 0을 곱해서 그 값을 0으로 만드는 이유를 아이들은 이해하지 못합니다. 그림으로 3개씩 묶인 것이 하나씩 줄어들 때 표현이 어떻게 변하는지 보이고 묶음이 하나인 것을 ×1, 하나도 없는 것을 ×0으로 표현한다고 설명하면 아이들은 이해할 것입니다. 교환법칙도 마찬가지입니다. 3×5=5×3과 같다고 얘기하고 말 수도 있습니다만 그림으로 그 원리를 설명하는 것이 이해하기 편합니다. 아래 그림처럼 말입니다.

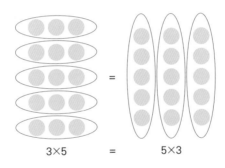

3×5　　　=　　　5×3

그림을 통하여 곱셈의 기본을 배운 아이들이라면 다음과 같은 문제를 쉽게 풀 수 있을 것입니다.

문

다음 □ 안에는 같은 수가 들어갑니다. □ 안에 알맞은 수를 써넣으시오.

$(1 \times \square) + (0 \times \square) = 9$

보기와 같이 생각하여 답을 구하려고 합니다. □ 안에 알맞은 수를 써넣으시오.

보기: $(5 \times 3)+(5 \times 2)=(5+5+5)+(5+5)=5 \times 5=25$

$(7 \times 5)+(7 \times 3)=7 \times \square=\square$

: 구구단

곱셈의 개념을 설명하는 것만으로는 부족합니다. 결국 구구단을 외워야 하죠. 구구단을 외울 때 필요한 몇 가지 팁을 말씀드리면 다음과 같습니다.

① 입으로 외워라 : 구구단을 외우는 데 암송보다 더 좋은 방법은 없습니다.

② 앞에서부터만 고집하지 말라 : 아이들은 낮은 단보다는 높은 단 쪽에서 자주 틀립니다. 주로 낮은 단부터 외우는 것이 버릇이 되다보니 높은 단은 낮은 단만큼 잘 외우지 않게 됩니다.

③ 게임을 통해 확인하라 : '구구단을 외자' 같은 게임을 하면 구구단을 얼마나 정확하게 외우고 있는지를 알 수 있습니다.

④ 수 세기를 병행하라 : 3씩 뛰어 세기, 4씩 뛰어 세기 같은 수 세기를 병행하는 것이 좋습니다. 구구단의 원리가 수 세기와 다르지 않음을 은연중에 알려줄 수 있습니다.

부모님들 중에는 구구단을 외우게 하기 전에 뛰어 세기를 먼저 시키는 분들도 있을 겁니다. 이렇게 말입니다.

2, 4, 6, 8, 19, 12, 14, ……

4, 8, 12, 16, 20, 24, ……

5, 10, 15, 20, 25 ……

　이런 식의 뛰어 세기는 약수와 배수를 구할 때, 소인수 분해를 할 때, 수의 규칙을 찾을 때 등 여러 면에서 활용할 수 있습니다. 아이들은 뛰어 세기와 구구단을 별개의 것으로 여기는 경우가 많지만 이 둘이 다른 것이 아님을 알려줄 필요가 있습니다. 다음과 같은 유형의 문제를 풀 때도 도움이 됩니다.

표의 빈 칸에 알맞은 수를 써넣으시오.

×	1	2	3	4	5	6	7	8	9	10	11	12
7	7	14	21	28	35	42	49	56	63			

1) 7의 단 곱셈구구에서는 곱이 몇씩 커집니까?

2) □ 안에 알맞은 수를 써넣으시오.

　　7×10=(7×9)+□

　　7×11=(7×10)+□

　　7×12=(7×11)+□

다음 문제도 비슷한 유형입니다.

8의 단 곱셈구구를 이용하여 8×10, 8×11, 8×12의 곱을 차례로 구하시오.

이런 유형의 문제를 풀 때 배분법칙을 강조하고 싶다면 다음처럼 표시해도 좋겠습니다.

$8 \times 10 = 8 \times 9 + 8 \times 1$ (1을 써주는 것이 좋습니다)

$8 \times 11 = 8 \times 9 + 8 \times 2$ 혹은 $8 \times 10 + 8 \times 1$

$8 \times 12 = 8 \times 9 + 8 \times 3$ 혹은 $8 \times 10 + 8 \times 2$

: 세로식

수가 커지면 구구단만으로는 어렵죠. 부모님들은 이때 세로식을 꺼내드는 경향이 있습니다. 덧셈에서도 이미 말씀드렸지만 세로식은 만능이 아닙니다. 아이들이 헷갈려하는 부분도 분명 있습니다. 자릿값을 지켜서 써야 한다거나 곱셈을 하는 중인데 더하기도 해야 한다거나 하는 점들입니다. 다음은 『아이들은 왜 수학을 어려워할까?』에 나왔던 예들입니다.

```
      2 6
  ×    6
  1 2 3 6
```
6×6과 2×6을
순서대로 늘어놓음

```
      2 6
  ×    6
      4 8
```
6×6과 2×6을
구하여 서로 더함

```
  1   2
      2 3
  ×  6 7
    1 6 1
  2 2 8
  2 4 4 1
```
3×6=18의 1을 제일 앞으로 보낸 후
2×6=12의 1과 더한 경우

이러한 혼란을 피하고 싶다면 어른들이 관습적으로 써왔던 방법을 피하는 것이 좋습니다. 최소한 각 위치에 놓인 수들이 어떤 값을 가지는지 정도는 파악할 수 있도록 하는 것이 좋습니다. 이렇게 말입니다.

$$
\begin{array}{r}
2\,6 \\
\times \quad 6 \\
\hline
3\,6 \\
1\,2\,0 \\
\hline
1\,5\,6
\end{array}
$$

대부분의 어른들은 이러한 계산에서 20×6을 계산할 때 12라고 씁니다. 그러나 아이들이 익숙해질 때까지만이라도 120을 12라고 쓰지말고 120이라고 쓰는 것이 좋습니다. 그래야 곱셈의 세로식에서 자릿값의 의미를 잘 알 수 있습니다.

아니면 이렇게 써보는 것도 좋겠습니다.

$$
\begin{array}{r}
2\,3 \\
\times \quad 6\,7 \\
\hline
2\,1 \\
1\,4\,0 \\
1\,8\,0 \\
1\,2\,0\,0 \\
\hline
1\,5\,4\,1
\end{array}
$$

물론 아이들이 세로식에서 자릿값을 잘 이해한다면 이런 번거로운 일은 하지 않아도 될 것입니다.

: **가로식**

세로식도 물론 가르쳐야 하지만 그보다 더 급한 것은 가로식입니다.

26×6을 가로식으로 풀면 20×6=120, 6×6=36 더해서 156이 나옵니다. 12×13도 마찬가지입니다. 12×3을 하면 26, 12×10은 120 더하면 146이 됩니다. 물론 이렇게 풀려면 구구단을 완전히 알고 있어야합니다. 암산을 시키고 아이와 대화하며 풀도록 하세요. 26×6이라면이런 식입니다. "6×6이 얼마지?" "36" "자, 그럼 10의 자리를 곱해보자. 20×6이면 20이 6개 있다는 뜻이니까, 얼마지?" "120" "자, 이제 120이랑 36을 어떻게 해야지?" "더해야 해" "그럼?" "156"

사실 가로식으로 푸는 것은 (a+b)×c=a×c+b×c, (a+b)×(c+d)=a×c+b×c+a×d+b×d를 충실히 따르는 것입니다. 12×6을 "빵 10개들이 한 봉지와 덤으로 2개의 빵을 넣어 한 상자에 담았다. 이런 상자가 6개 있으면 빵은 모두 몇 개인가?" 하는 식으로 바꾸어 문제를 만드는 경우를 생각해봅시다. 아래 그림처럼 모두 여섯 봉지이므로 60개, 덤이 모두 12개이므로 합은 72개로 대답할 수 있습니다. (a+b)×c=a×c+b×c란 식을 쓰지 않았지만 가로식으로 풀면 쉽게 해결할 수 있음을 알 수 있습니다.

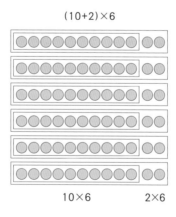

(10+2)×6

10×6   2×6

12×12를 해도 마찬가지입니다. 이 문제는 "빵 10개들이 한 봉지와 덤으로 2개의 빵을 넣어 한 상자에 담았다. 이런 상자가 12상자 있으면 빵은 모두 몇 개인가?"라는 문제로 바꿀 수 있죠. 12상자가 있는 경우이므로 먼저 10상자를 계산하고 나머지 2상자를 더하면 편합니다. 10상자라면 모두 열 봉지의 빵과 20개의 덤이 있으므로 120개 나머지 2상자에는 두 봉지의 빵과 4개의 덤이 있으므로 24개, 모두 합해서 144개라고 대답할 수 있습니다.

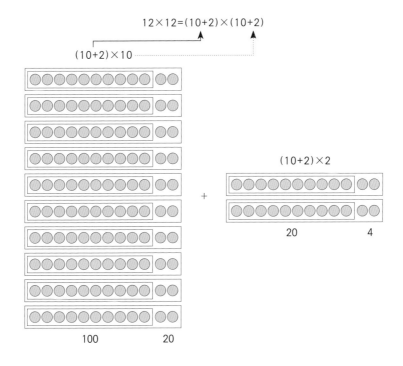

$(a+b)×(c+d)=a×c+b×c+a×d+b×d$를 먼저 설명하거나 세로식으로 셈하지 않더라도 얼마든지 계산이 가능한 것을 알 수 있습니다.

가로식으로 그냥 놓고 푸는 것은 장점이 많습니다. 1의 자리를 먼저 곱해야 할 필요도 없고 자릿값을 맞춰야 할 필요도 없습니다. 곱셈식인데도 왜 더해야 하는지 굳이 설명할 필요도 없습니다. 암산 능력을 키워주는 데도 좋습니다. 덧셈이나 뺄셈에서와 마찬가지로 곱셈에서도 가로식으로 푸는 것을 장려해주십시오.

: 나눗셈

덧셈에서 5+2=7을 가르칠 때 7-2를 묻는 부모님들 많으실 겁니다. 곱셈과 나눗셈도 마찬가지 관계입니다. 4×7을 물은 뒤 28을 4개씩 묶으면 몇 묶음이 나오는지 물어보십시오. 아이들은 이 과정을 거치면서 곱셈과 나눗셈 사이의 관계를 익힐 것입니다. 아래 문제만 놓고 보면 이 문제가 곱셈과 관련된 문제인지 나눗셈과 관련된 문제인지를 딱히 구분할 수 없음을 알 수 있습니다. 이 문제는 나눗셈 단원에 나오는 문제입니다.

세모 모양의 사탕이 20개, 별 모양의 사탕이 4개 있습니다. 이 사탕들을 섞어서 한 봉지에 6개씩 담는다면 모두 몇 봉지가 됩니까?

이렇게 얘기하고 나니 모든 연산이 하나가 되는군요. 뺄셈은 덧셈의 연장, 곱셈은 덧셈의 연장, 나눗셈은 곱셈의 연장이니 모든 연산은 결국 하나인 셈입니다. 나눗셈이 다른 연산과 다르지 않으니 자릿값과 가로식 등 주의해야 할 내용도 비슷합니다. 다른 연산에 비해 좀 더 강조할 것은 뺄셈의 개념과 자릿값 및 '0'의 존재입니다.

우리 아이 수학박사 프로젝트

먼저 뺄셈에 대한 개념부터 봅시다. 곱셈에서도 덧셈이 들어가지만 아이들은 별 무리 없이 받아들입니다. 하지만 나눗셈에서의 뺄셈은 다소 생소합니다. '왜 빼야 하는가?'에 대해 의문을 가지거나 빼지 못하고 머뭇거립니다. 이런 현상이 나오는 것은 나눗셈에서 '똑같이 나눈다'는 점만 강조하기 때문입니다. 나눗셈에는 똑같이 나누는 것 외에도 '똑같이 묶어서 덜어낸다'는 개념도 있다는 것을 강조할 필요가 있습니다.

12÷3=4를 예로 들면 1) 12에서 3을 4번 덜어낼 수 있음, 2) 12에서 3을 4번 빼면 0이 됨, 3) 12를 똑같게 3곳으로 나누면 한 곳에 4개씩 놓을 수 있음 따위로 풀어서 말할 수 있으며 여기에 뺄셈의 개념이 있는 것을 알 수 있습니다. 하지만 나눗셈에서 덜어낸다는 개념을 쉽게 찾기가 힘든 것은 사실입니다.

'9개의 빵을 세 명에게 나눠주면 몇 개씩 돌아가지?'라는 문제를 보아도 빵 9개를 세 개씩 묶으면 그만이지 빵을 세 개씩 묶는다고 해서 빵이 사라지는 것은 아니니 말입니다. 그러니 아이들이 받아들일 수 있는 설명이 있어야 합니다. "원래 9개의 빵이 있었는데 아이들에게 3개씩 나눠주고 나니 남은 것이 없었다." 식으로 말입니다. 이런 설명은 세로식을 가르칠 때도 도움이 됩니다. 세로식으로 나눗셈을 하면 제일 마지막에 남는 수가 나머지이기 때문이지요.

이제는 자릿값에 대해 봅시다. 다른 연산에서도 그랬지만 자릿값은 나눗셈에서도 문제입니다. 특히 자릿값을 나타내주는 0의 처리는 아이들을 종종 혼란에 빠트릴 수 있습니다. 대표적인 유형을 보여드릴까요?

$$
\begin{array}{r}
17 \\
7\overline{)749} \\
\underline{700} \\
49 \\
\underline{49} \\
0
\end{array}
$$

자릿값을 맞추긴 했는데 1과 7 사이에 0을 쓰는 것을 빼먹었군요. 이런 실수를 막기 위해서라면 암산을 통해 푸는 버릇을 키워주는 것이 좋습니다. "749를 7로 나누면 100씩 7개, 7씩 7개가 되어 답이 107" 이렇게 답을 할 수 있도록 돕는 것이 좋겠습니다.

2 • 곱셈, 나눗셈 문제 들여다보기 |

초등 1~4학년까지의 곱셈이나 나눗셈 문제는 기본적인 개념만 알면 대부분은 풀 수 있는 문제들입니다만 몇몇 문제들은 쉽게 풀리지 않는 것들도 분명 있습니다. 아주 어려운 문제는 어쩔 수 없지만 중요한 개념들을 다루는 문제도 많이 있습니다. 한번 짚어보겠습니다.

: 동물은 모두 몇 마리?

농장에 닭과 돼지를 합쳐 모두 19마리 있습니다. 닭과 돼지의 다리 수를 합치면 모두 52개라면 각각 몇 마리씩입니까?

이 문제는 어떤 문제집이든 2학년부터 나오기 시작해서 매 학년마다 반복되는 문제입니다. "또 이 문제야?" 할 정도로 지겨운 문제죠. 이런 문제를 닭은 □, 돼지는 △로 놓고 방정식으로 풀어주는 방식(□+△=19, 2×□+4×△=52)은 절대 쓰지 마십시오. 이 문제는 2학년에 나오는데 아이들이 이원일차연립방정식을 어떻게 이해하겠습니까? 이 문제는 어쩔 수 없이 표를 이용할 수밖에 없습니다.

돼지 수	돼지 다리 수	닭 수	닭 다리 수	동물 수 총합	다리 수 총합
1	4	18	36	19	40
2	8	17	34	19	42
3	12	16	32	19	44
4	16	15	30	19	46
5	20	14	28	19	48
6	24	13	26	19	50
7	28	12	24	19	52

이 문제의 백미는 수의 규칙성에 있습니다. 이 표를 만들어 아이와 함께 풀다보면 수가 규칙적으로 변하는 것을 알 수 있습니다(물론 부모님들에게는 새로운 일이 아니겠습니다만). 아이들은 몇 개의 값을 쓰다보면 규칙을 발견할 것입니다. 그러면 답을 좀 더 쉽게 찾겠죠. 아이들이 이러한 규칙을 찾도록 도와주십시오.

: 식 읽기
덧셈에서의 세로식 문제와 비슷한 문제를 곱셈이나 나눗셈에서도 쉽게 찾아볼 수 있습니다. 문제를 푸는 방법도 크게 다르지 않습니다.

식을 제대로 해석하는 일이 바로 그것이죠. 다음과 같은 문제를 한번 보세요.

$$
\begin{array}{r}
\square 8 \\
\times \quad 3 \square \\
\hline
2\,2\,8 \\
1\,\square\,4 \quad\; \\
\hline
1\,\square\,\square\,8 \\
\end{array}
$$

이 문제를 제대로 읽었다면(해석했다면) 다음과 같은 얘기를 할 수 있어야 합니다. 1) 8과 어떤 수를 곱했을 때 일의 자리는 8이 되어야 한다. 2) 그런 수는 1, 6뿐인데 1일 경우 어떤 두 자리 수에 1을 곱해서 228이 나올 수는 없으므로 6이여야 한다. 3) 1의 자리가 6이므로 곱한 수는 228÷6=38이다. 4) 즉 38과 36을 세로로 곱한 것이 위의 결과와 같아야 한다.

이런 문제들을 풀 수 있는 일률적인 방법은 없습니다. 문제를 해석하고 하나하나 따져나가는 방법밖에는 없습니다. 아이들이 이 과정을 제대로 밟아나갈 수 있도록 부모님들이 차근히 유도할 수밖에 없습니다. 이렇게 말입니다.

아빠 | 어디부터 시작해야 하지?

아이 | 온전하게 나온 것은 228 외에는 없으니까 이것부터 해야 해.

아빠 | 그럼 어떻게 해야지?

아이 | 우선 8에 어떤 수를 곱해서 일의 자리가 8이 나오는 경우를 찾으면 돼.

아빠 | 어떤 경우가 있니?

우리 아이 수학박사 프로젝트

아이 1이랑 6.

아빠 자 그럼 어떻게 해야지?

아이 그 다음은 그 아래 세 자리 수를 보면 돼.

아빠 벌써? 1과 6 중 어느 걸로 할지 정하지 않고 그냥 넘어가는 거니?

아이 글쎄. 어떻게 해야 하지?

아빠 둘 중에 하나는 정해야지.

아이 1로 해볼까? 1이면 어떤 두 자리 수 중 1을 곱해서 228이 나올 수 있나? 그런 수는 없는데. 그럼 6인가?

아빠 1의 자리에 6이 오면 어떻게 되어야 한다는 거니?

아이 228을 6으로 나눠보면 돼.

아빠 그래서?

아이 그럼 38이네. 그럼 아래 수는 38 곱하기 3이네.

아빠 위가 38이고 아래가 36이면 그걸로 된 것 아니니?

아이 아, 맞다.

: 대입

㉮와 ㉯의 합은 24입니다. ㉮를 ㉯로 나누면 몫이 5입니다.

이런 유형의 문제는 많이 접할 수 있습니다. 여기서는 ㉮를 ㉯로 나누었지만 곱했을 때 얼마이고 더하면 얼마일 때 각각의 수를 구하라는 문제도 많이 볼 수 있습니다. 이런 문제를 어른들이 풀면 ㉮+㉯=24에서 ㉮=5×㉯이므로 ㉮+㉯=5×㉯+㉯=6×㉯=24, 즉 ㉯=4 이렇게 풀 겁니다. 이처럼 어른들은 ㉮에 5×㉯를 '대입'하려 드는데 아이들에게 '대입'의 개념을 가르치기가 어려울 때가 있을 겁니다. 그럴 때 굳이 대입이란 어려운 단어나 개념을 쓰지 마시고 이해하기 쉬운 방법으로 풀어주는 것이 좋겠습니다. 무엇보다 그림을 이용하는 것이 제일 좋습니다. 아래 그림처럼 말입니다. ㉮가 ㉯의 5배라는 사실을 이용해서 다음과 같이 그리면 됩니다.

$$24 = \underbrace{\blacksquare\ \blacksquare\ \blacksquare\ \blacksquare\ \blacksquare}_{\text{가}} + \underbrace{\blacksquare}_{\text{나}} = \overbrace{4\ 4\ 4}^{12}\ \overbrace{4\ 4\ 4}^{12}$$

: '~당'의 개념

> **문**
>
> 농부 8명이 한 시간에 배를 64개 땁니다. 그렇다면 농부 2명이 128개의 배를 따는 데 몇 시간이 걸릴까요?

이 문제는 여러 방법으로 풀 수 있지만 여기에서는 무엇보다 '~당'에 대한 개념을 아이들에게 심어주는 것이 좋습니다. 이 문제라면 농부 한 사람이 한 '시간 당' 따는 배로 말할 수 있겠습니다. 이 '~당'의 개념은 수학뿐 아니라 화학이나 물리에서도 매우 중요합니다. 수학에서는 흔히 속도나 농도 계산에 많이 이용됩니다. 60km/hr는 한 시간 당 60km를 간다는 뜻이고 소금물 15%는 소금물 100g당 15g의 소금이 들어 있다는 뜻이지요. '~당'의 개념이 중요한 것은 측정 단위 당 일어나는 일들을 나타낼 수 있기 때문입니다. 이 '~당'에 대한 개념

우리 아이 수학박사 프로젝트

이 확실하면 다른 어려운 문제도 쉽게 풀 수 있을 겁니다. 그러므로 이런 유형의 문제가 나오면 '~당'에 대한 개념을 강조하는 것이 중요합니다.

'3분 동안에 20L씩 물이 채워지는 물탱크에 하루 동안 물을 받으면 부피가 얼마가 되나?' 같은 문제도 마찬가지입니다. '~당'의 개념을 확실하게 하고 넘어가야 합니다.

: 몫과 나머지

'어떤 수를 3으로 나누었더니 몫은 8, 나머지는 2가 되었습니다. 이 수를 8로 나누면 몫과 나머지는 얼마가 될까요?'

이런 문제를 아이에게 내보세요. 대답을 즉시 할 수 있다면 나눈다는 것의 의미, 몫과 나머지의 의미 등을 잘 알고 있다고 할 수 있습니다. 어떤 수=3×8(몫)+2=8×3(몫)+2이므로 이런 개념을 잘 알고 있다면 즉시 대답할 수 있겠죠. 그림으로 한 번 더 확인하고 넘어가는 것도 좋겠습니다.

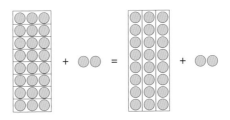

몫과 나머지의 개념은 여러 문제로 변형되어 나옵니다. '큰 수를 작은 수로 나누었더니 몫이 7, 나머지가 4이고 두 수를 더하면 92이다.

두 수를 구하시오' 같은 문제나 '20명 이상 50명 이하인 학생들을 4명씩 앉을 수 있는 의자에 앉히면 자리가 2개 부족하고 6명씩 앉을 수 있는 의자에 앉혔더니 자리가 4개 부족하다고 할 때 학생수를 구하시오' 같은 문제 등은 결국 몫과 나머지의 문제입니다. 몫과 나머지에 대한 개념은 약수와 배수에도 적용되므로 아이들이 익숙해질 수 있도록 해야 합니다.

위의 두 문제 중 첫째 문제를 한번 보고 갑시다. 어른들의 방식대로 작은 수를 x라 놓고 풀면 $7x+4+x=92$, $x=11$로 쉽게 풀립니다만 아이들은 방정식을 모르니 그렇게 풀지는 마세요. 큰 수가 작은 수의 7배보다 4 더 큰 수이니까 그림으로 그리면 아래처럼 되겠군요.

■ ■ ■ ■ ■ ■ ■+4+■=92. 그러니 8개의 ■는 88이고 결국 한 개의 ■는 11이 됩니다. 방정식과 문제 푸는 방식은 같지만 그림으로 풀면 이해하기 쉽지요.

나머지는 나눠서 떨어지지 않기 때문에 생기는 것이지요. 나눠서 떨어진다는 것이 무엇인지 모르면 '어떤 수를 65로 나누었을 때 나올 수 있는 나머지 중에서 가장 큰 자연수는 무엇인가?' 같은 문제를 풀 수 없답니다. '어떤 자연수를 53으로 나누었을 때 몫이 12가 되었다면 어떤 자연수 중에서 가장 큰 수와 가장 작은 수를 구하시오.' 같은 문제도 마찬가지입니다. 몫과 나머지는 나눗셈의 본질이라고 할 수 있습니다. 어느 문제나 기본이 가장 중요합니다.

: 약수, 배수

약수와 배수는 분수의 약분과 통분을 배우기 바로 전인 5학년 1학기에나 배우게 됩니다. 하지만 그 내용만으로는 곱셈과 나눗셈에서 멀지 않기에 여기에서 언급할까 합니다. 5학년 이전이라도 다음 문제처럼 약수와 배수의 기본적인 개념을 묻는 문제들을 쉽게 발견할 수 있기 때문입니다.

두 자리 수 중 3 또는 4로 나누면 나머지가 1이고, 7로 나누어떨어지는 수를 구하라.

이 문제는 뛰어 세기로 접근하는 것이 좋습니다. 본격적으로 약수와 배수를 배우기 전에 몸풀기라 생각하셔도 됩니다. 몫과 나머지에 관한 문제이기도 하죠. 이는 공배수에 대해 설명할 수 있는 괜찮은 문제이긴 하지만 굳이 공배수란 말을 강조하지 않는 것도 좋겠습니다. 각각의 수를 나열하면서 조건에 맞는 수를 보여주는 것이 중요합니다.

3으로 나눠떨어지는 수: 3, 6, 9, **12**, 15, 18, 21, **24**, 27, 30, 33, **36**……
4로 나눠떨어지는 수: 4, 8, **12**, 16, 20, **24**, 28, 32, **36**……
12로 나눠 나머지가 1인 수: 13, 25, 37, 49, 61, 73, 85, 97……
두 자리 수 중 7로 나눠떨어지는 수: 49

이런 식으로 세는 것은 단순히 곱셈구구를 하는 것보다 더 효과적일 때가 많습니다. 뛰어 세기에 익숙하면 본격적으로 약수와 배수를 배울 때도 도움이 많이 됩니다. 자, 이제 본격적으로 약수와 배수에 대해 얘기해봅시다.

약수와 배수는 어렵습니다. 고등학교에서도 이 부분은 상당히 까다롭습니다만 다행히 초등학교라서 그런지 그 정도로 어려운 문제들은 많지 않더군요. 하지만 이 부분은 다른 어느 부분보다 문제를 이해하는 능력이 요구되는 곳입니다. 다음 문제를 보시죠.

> 사탕 100개 초콜릿 66개를 최대한 많은 사람들에게 똑같이 나눠주었더니 사탕이 4개 초콜릿이 2개 남았다. 몇 명에게 나누어 주었습니까? 완자 최고수준 5-1

이 문제는 96과 64의 최대공약수를 묻는 문제입니다만 어떠신가요? 부모님들께서는 이 문제를 보고 한눈에 아하 이건 최대공약수를 묻는 문제구나 하고 금방 알아채셨습니까? 사탕은 3개씩 초콜릿은 2개씩 도합 5개를 32명에게 나눠주는 것이 답입니다만 문제의 문장 속에 들어 있는 '똑같이'라는 단어 때문에 헷갈립니다. 문제를 보면 마치 사탕과 초콜릿을 같은 수로 나눠주어야 하는 것처럼 읽히기 때문입니다. 문제집에 나오는 서술형 문제에는 이런 식의 표현이 많이 있습니다만 특히 약수와 배수 문제에는 더 많아 보입니다. 아이들이 이런 문제를 접하면서 겪을 수 있는 혼란을 부모님들께서 이해하셔야 합니다.

제가 약수와 배수를 얘기하면서 문장 해석을 문제 삼은 것은 다른 부분보다 문장의 해석이 정말 어렵기 때문입니다. 아이들이 문제를 제대로 해석하지 못하면 우선은 문제를 분석하는 일에 매달려보십시오.

우리 아이 수학박사 프로젝트

그리고 아이들이 문제를 해석할 수 있도록 도와주십시오. 문제를 파악할 때까지는 어느 정도의 도움이 필요합니다. 다음 문제를 보시죠.

문

연필 24자루, 색연필 18자루, 볼펜 30자루를 학생들에게 남김없이 똑같이 나누어주려고 합니다. 될 수 있는 대로 많은 학생들에게 나누어줄 때, 연필, 색연필, 볼펜을 각각 몇 명까지 줄 수 있습니까? 완자 최고수준 5-1

이 문제는 24, 18, 30의 최대공약수를 구하는 문제입니다. 앞에서도 말씀드렸지만 아이들은 이 문제에서 '똑같이' 나눈다는 말을 금방 이해하지 못합니다. 연필과 색연필과 볼펜을 동일한 수만큼씩 (연필 3자루, 색연필 3자루, 볼펜 3자루처럼) 준다는 말인가? 이렇게 생각할 수 있다는 뜻이죠. 이런 문제가 나오면 아이들에게 한번 물어보십시오. '똑같이'란 말을 제대로 이해하고 있는지 말입니다. 아이들에게 '똑같이' 란 말이 한 아이에게 돌아가는 필기구의 총 수가 동일하다는 것을 뜻한다고 알려주면 아이들은 그제야 다른 방향으로 생각하기 시작할 겁니다. 어떻게 하건 이 문제가 각 필기구를 나누는 방법을 묻고 있는 문제라는 것을 인식하게만 만든다면 일단은 성공입니다.

이 문제는 최대공약수를 구하는 방식으로 다음처럼 쉽게 답을 구할 수도 있습니다만 먼저 약수를 늘어놓는 방식으로 문제를 다시 분석하는 것도 좋습니다.

$$
\begin{array}{r|rrr}
2 & 24 & 18 & 30 \\
3 & 12 & 9 & 15 \\
\hline
 & 4 & 3 & 5
\end{array}
$$

최대 공약수 : $2 \times 3 = 6$

30의 약수 = {1, 2, 3, 5, **6**, 10, 15, 30}

24의 약수 = {1, 2, 3, 4, **6**, 8, 12, 24}

18의 약수 = {1, 2, 3, **6**, 9, 18}

약수를 늘어놓을 때 이걸 말로 할 수 있으면 더 좋죠. 아이가 30을 나누는 방법은 5개씩 6명에게, 2개씩 15명에게, 3개씩 10명에게, 1개씩 30명에게 나눌 수 있다고 얘기하고 아빠는 이걸 집합기호를 사용하여 정리하는 식이죠. 그리고 나서 다음처럼 얘기를 해보세요.

아빠 ¦ 각 수의 약수 중에서 공통인 것이 뭐니?

아이 ¦ 1, 2, 3, 6.

아빠 ¦ 그럼 그걸 뭐라고 부르지?

아이 ¦ 공약수.

아빠 ¦ 그 공약수 중에서 가장 큰 거는?

아이 ¦ 6.

아빠 ¦ 그럼 그건 뭐라고 해?

아이 ¦ 최대공약수.

아빠 ¦ 그럼 어떤 식으로 나눴다는 거니? 6개씩 4명, 3명, 5명에게 줬다
　　 는 뜻이니?

아이 | 아냐. 이 문제에서는 6명한테 4개, 3개 5개씩 줬다는 뜻이지. 그러니까 한 사람 당 12개씩이란 말이야.

아이와 이런 식의 분석을 하게 되면 아이는 문제를 완전하게 자기 것으로 만들 수 있습니다. 이 과정에서 최대공약수의 정의를 다시 익히고 가는 것도 소득입니다.

문제의 핵심을 정확하게 짚기 위해선 그림의 도움도 무시하지 못합니다. 가능하면 항상 그림을 그려보면 좋습니다. 다음 문제를 봅시다.

어느 고속버스터미널에서 버스가 대구행은 18분마다, 대전행은 24분마다, 광주행은 12분마다 출발한다고 합니다. 오전 6시에 대구행, 대전행, 광주행이 동시에 출발했다면, 바로 다음 번에 동시에 출발하는 시각은 몇 시 몇 분입니까? 완자 최고수준 5-1

이 문제는 18, 24, 12의 최소공배수를 구하라는 문제이죠. 아이가 이 문제의 핵심을 금방 찾지 못하면 아이에게 그림을 그려보라고 하십시오. 아래 그림처럼 말입니다.

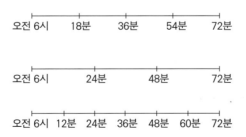

이렇게 그림을 그리고 나면 아이는 이 문제가 최소공배수를 묻는 문제인 것을 알아차릴 수 있을 겁니다. 이러고도 이해하지 못하면 대화를 통해 해결할 수밖에 없죠.

> **아빠** 어떤 그림이니? 설명해볼래?
>
> **아이** 한 버스는 18분 간격으로, 다른 두 버스는 24분, 12분 간격으로 떠난다는 거야.
>
> **아빠** 그럼 언제 세 버스가 동시에 출발하게 되니?
>
> **아이** 6시에서 72분 지난 뒤에.
>
> **아빠** 그럼 72를 뭐라고 그러는지 아니?
>
> **아이** 응, 공배수.
>
> **아빠** 그냥 공배수니?
>
> **아이** 아, 최소공배수.
>
> **아빠** 72면 큰 수인데 최소란 말을 써도 되니?
>
> **아이** 공배수 중에서는 최소란 뜻이야.

다시 말씀드립니다만 약수와 배수 문제는 문제를 해석하기 어렵습니다. 대화를 통해 아이들이 무엇을 이해하지 못하고 있는지 파악하는 것이 매우 중요합니다. 그리고 해석이 어려운 만큼 기본 정의에 충실할 수 있도록 도와주십시오. 수학의 모든 문제가 그렇듯 기본에 충실하면 못 풀 문제가 없습니다.

: 방정식, 연립 방정식
저는 앞에서 방정식을 사용하여 풀지 말라고 몇 번 말씀드렸습니다.

이는 문제를 기계적으로 푸는 습관을 들이지 말라는 뜻이었습니다. 확실하지는 않지만 제가 어렸을 때는 방정식을 좀 더 일찍 배웠던 것 같습니다. 아마 초등 3학년이나 4학년이었던 것으로 기억합니다. 현 교과과정에서 방정식에 관한 내용은 6학년이 되어서야 정식으로 나옵니다. 방정식을 늦게 다루는 데는 그만한 이유가 있을 것입니다.

방정식을 늦게 다룬다고 일찍 배워서 안 된다는 법은 없습니다. 사실 미지수란 용어나 x 같은 기호를 사용하지 않아서 그렇지 6학년이 되기 이전이라도 방정식에 근거한 문제들을 많이 접할 수 있는 것도 사실입니다(보통 x 대신 □를 넣고 풀라는 식으로 나오죠). 만약 방정식을 일찍 가르치는 것이 더 낫겠다고 생각한다면 '이항'에 대한 개념만 확실하게 심어주시기 바랍니다.

여기서 언급하는 '이항(移項)'이 단순히 등호를 중심으로 부호를 바꾸어 옮기는 것을 말하지 않는다는 것은 앞의 내용을 읽어본 분들은 아실 것입니다. "이항이란 말이야, 등호를 중심으로 반대쪽으로 넘기는 걸 말해. 넘길 때 부호만 바꾸면 돼" 이렇게 설명하지 말라는 뜻입니다.

□-37 = 18 같은 문제는 이항으로 풀기가 쉽습니다. 37을 오른쪽으로 넘기고 부호를 반대로 하면 되니까요. 그런데 이렇게 설명하려고 해도 문제가 없는 것은 아닙니다. '부호'를 설명해야 하니까요. 아이들에게 '-'는 '빼라'는 명령어입니다. 37 앞에 붙어 있는 'minus 부호'가 아니라는 뜻이죠. 사실 숫자 앞에 붙는 '-'는 부호임과 동시에 빼라는 명령어인 것이 사실입니다. 음수와 양수 개념이 없는 아이들에게, 부호와 명령어의 중의적 의미가 있는 +, -를 설명하는 일은 무척 어렵습니다. 그러므로 앞의 문제는 다음처럼 푸는 것이 좋습니다.

$$\square - 37 = 18$$
$$\square - 37 + 37 = 18 + 37$$
$$\square = 55$$

그게 이항이잖아? 이렇게 생각하실 줄 압니다. 위에서처럼 풀라는 것은

$$\square - 37 = 18$$
$$\square = 18 + 37 \text{ (37을 우변으로 넘기면 부호가 반대가 되니까)}$$
$$\square = 55$$

이렇게 설명하지 말라는 뜻입니다. 이런 식의 설명은 마치 뜀틀인 '='를 37이 뛰어넘어야 문제가 풀리는 것처럼 보이기 때문입니다. 무엇보다 등호(=)가 좌변과 우변이 같다는 것을 표시하는 기호라는 것을 강조할 필요가 있습니다. 저는 처음 이런 식을 풀 때 좌변과 우변이 같다는 것을 무척이나 강조했습니다. "왼쪽이랑 오른쪽이랑 같은 거야. 그러니까 왼쪽이랑 오른쪽에서 같은 수를 빼도 되지?" 이렇게 말입니다. 때론 "왼쪽이랑 오른쪽은 '엉덩이' '궁둥이' 같은 거야" 혹은 "왼쪽에는 아빠가 양복을 입고 서 있는 거고 오른쪽은 잠옷을 입고 서 있는 거야. 그래도 똑같은 아빠지?" 이런 식으로 설명했습니다. 등호가 등가(等價)를 나타내는 기호라는 것은 매우 중요한 개념입니다.

64-□=27과 같은 문제를 이항으로 푸는 경우도 생각해봅시다. 이 문제를 이항으로 풀기 위해서는 -□와 27, 두 수를 동시에 이항해야 합니다. 64-27=□ 이렇게 말입니다. 아이들이 이해하기 쉽지 않을 겁

니다. 이 문제도 아래처럼 설명하는 것이 좋습니다.

$$64 - \square = 27$$
$$64 - \square + \square = 27 + \square$$
$$64 = 27 + \square$$
$$64 - 27 = 27 + \square - 27$$
$$37 = \square$$

번거롭긴 합니다만 아이가 등호의 개념에 익숙해지기 전까지는 이런 식으로 풀어주는 것이 좋습니다.

방정식도 좋지만 방정식을 이용하지 않고 풀 수 있다면 더 좋습니다. 그러기 위해서는 아이들이 식을 보고 문제를 만드는 습관을 가지는 것이 좋죠. 아이가 $\square - 37 = 18$ 같은 식을 보고 "운동장에 아이들이 여럿 있었는데 그 중 37명이 교실로 들어가 버렸더니 18명만 남았다. 그러면 원래 몇 명 있었을까?" 같은 식을 만들 수 있으면 성공입니다.

$64 - \square = 27$ 같은 식은 "사과가 64개 있었는데 몇 개를 승준이에게 주고 나니 27개가 남았다. 그럼 몇 개를 주었을까?" 이런 식으로 바꿔서 볼 수 있으면 좋겠습니다. 수식이 어떤 상황으로 바뀌는 경우 아이들은 그 상황에 맞게 문제를 풀 것입니다. 굳이 방정식을 사용하지 않아도 되죠. 방정식이 능사가 아닙니다.

방정식도 버거운데 초등 문제집을 보면 연립방정식을 이용한 해법까지 심심찮게 찾아볼 수 있습니다. 다음과 같은 문제들이 대표적이라 할 수 있습니다.

빵 4개와 우유 4팩의 값은 3920원이고 빵 3개와 우유 2팩의 값은 2460원입니다. 빵 1개의 값과 우유 1팩의 값을 각각 구하시오.

유리그릇에 주스를 반만 채우고 무게를 달았더니 720g이고 가득 채우고 달았더니 1270g이 되었습니다. 이 유리그릇만의 무게는 몇 g입니까?

이건 분명 연립방정식 문제죠. 첫째 문제는 4a+4b=3920, 3a+2b=2460으로 놓은 후 연립방정식을 풀면 금방 답할 수 있는 문제라는 것을 부모님들은 잘 알겁니다. 둘째 문제도 마찬가집니다. a+b=1270, a+0.5b=720 이렇게 놓고 풀면 됩니다. 여러분은 아이들에게 어떻게 가르치시는지요?

연립방정식을 푸는 법을 가르치는 것은 어렵지 않습니다. 우리가 알고 있는 방법 그대로 가르치면 됩니다. 위 첫 문제를 연립방정식으로 풀면 3a+2b=2460, 2a+2b=1960이므로 앞식에서 뒷식을 빼서 a=500, b=480입니다. 답이 금방 나오죠.

그런데 이렇게 아이를 가르치려면 한 가지 문제점이 있습니다. '왜 한 식에서 다른 식을 빼야 하느냐?'를 가르쳐야 합니다. 뭐라고 얘기해야 할까요? a, b 두 미지수 중 하나를 없애기 위해 그렇게 한다고 가르쳐야 하나요? 그러면 아마 미지수란 무엇인지에 대해 가르쳐야 할 겁니다. 사실이 그러니 그렇게 가르쳐야 할지도 모릅니다. 그러나 이렇게 가르치면 아이가 방법만 배울 수 있다는 것이 마음에 걸립니다. 제가 여기서 우리가 알고 있는 연립방정식의 풀이를 권장하지 않을 것이란 점은 다들 예상하고 계셨죠? 그럼 다른 방법으로 풀어봅시다. 아래 그림을 보세요.

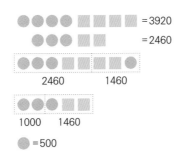

기계적인 풀이보다는 다소 불편한 것이 사실입니다만 이런 방식으로 풀면 식을 식으로 보지 않고 빵과 우유로 구성된 집합체로 볼 수 있다는 점에서 매우 좋습니다. 전체를 쪼개고 연결하는 과정을 통해 문제를 어떻게 접근해야 하는지 고민할 수 있다는 점도 장점입니다. 쪼개고 연결하는 과정이 바로 두 식을 서로 연결하여 빼는 과정임을 생각한다면 나중에 연립방정식을 배울 때도 유리합니다. 이런 과정에 익숙해지면 그때 연립방정식을 자세히 가르쳐도 될 것입니다.

부모들은 자신이 배운 방식대로 아이들을 가르치려는 경향이 있습니다. 그러나 부모의 배운 방식이란 중학교나 고등학교에서 배운 방식에 국한되어 있는 경우가 많습니다. 초등학교 때의 기억은 가물가물하기 때문이지요. 고등학교나 중학교 식의 해법은 효율을 높인다는 점에서는 좋지만 배우는 아이들 입장에서는 그저 문제 풀이의 기술만 배우게 된다는 점에서 독으로 작용할 수 있습니다. 무엇보다 아이의 수학적 상상력을 제한하고 틀에 박힌 방식으로 문제를 해결하게 만든다는 점에서 득보다는 실이 많습니다.

ː 규칙 찾기

이제는 연산에 관한 내용을 마무리할 때가 되었습니다. 그러나 그 전에 꼭 하나 더 다루어야 할 내용이 있습니다. 규칙 찾기란 이름으로 묶인 내용입니다. 여기서는 이 내용을 간단히 다루고 넘어가겠습니다.

문제집에는 수를 늘어놓고 각 수 사이의 규칙을 찾는 문제들이 많이 나옵니다. 고등 수학의 수열에 해당하는 문제들이죠. 가장 간단한 것은 ②-③-④-○-⑥-⑦에서 원 안에 들어가는 수를 묻는 정도이지만 복잡한 것은 어떤 수를 두 번, 세 번, 네 번 곱해서 나오는 수의 1의 자리에 나타나는 수의 규칙을 묻는 것도 있습니다. 그 뿐만이 아니죠. 도형이 변하는 모습에 대한 문제, 종이접기와 관련된 문제, 접은 종이에 구멍을 뚫었을 때 구멍의 개수 세는 문제, 달력을 이용한 문제, 칸에 숫자 채우는 문제 등 그 종류가 매우 다양합니다. 그렇게 많은 문제들을 다 다룰 수는 없습니다. 여기서는 우리가 수열이라는 이름으로 배웠던 것만 다뤄보겠습니다.

초등학교 문제집에 나오는 수열과 관련된 가장 흔한 문제는 바둑돌 놓기입니다. 예를 하나 들어보겠습니다.

그림과 같은 규칙으로 바둑돌을 놓으면 일곱째 번에 놓일 바둑돌은 몇 개입 니까?

우리 아이 수학박사 프로젝트

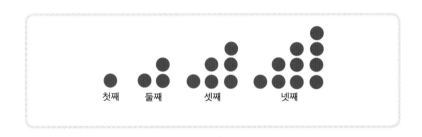

첫째　　둘째　　　셋째　　　　넷째

이런 문제를 풀 때 잊지 말아야 할 원칙은 몇째 번과 몇째 번에 오
는 수를 구분해야 한다는 것, 변화를 한눈에 들어오도록 표시할 것, 이
두 가지입니다. 이 원칙은 수열과 관련된 문제를 푸는 원칙이기도 하
죠. 이 원칙에 기대어 문제를 풀어보면 다음과 같습니다.

　　첫째: 1

　　둘째: 1+2

　　셋째: 1+2+3

　　넷째: 1+2+3+4

　　다섯째: 1+2+3+4+5

　　여섯째: 1+2+3+4+5+6

　　일곱째: 1+2+3+4+5+6+7

위 문제는 아래처럼 풀면 더 쉽게 풀 수 있죠.

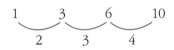

이렇게 놓으면 변화는 한 눈에 들어오지만 몇째 번과 몇째 번에 오는 수의 구분이 뚜렷하지 않다는 문제점이 있습니다. 몇째 번과 몇째 번 수의 구분이 필요한 이유는 다음 문제를 보면 좀 더 확실하게 알 수 있습니다.

다음과 같이 수를 늘어놓았을 때 52째 번에 오는 수는 무엇입니까?

1, 1, 2, 1, 2, 3, 1, 2, 3, 4……

이 문제를 풀려면 아래처럼 수들을 묶어야 하지요.

1, (1, 2), (1, 2, 3), (1, 2, 3, 4), (1, 2, 3, 4, 5)

그 다음은 묶은 것을 기준으로 분류를 합니다.

그룹 이름 (몇째 그룹)	그룹 내 숫자의 개수	처음부터 세었을 경우 숫자의 개수 (그룹의 마지막 수는 처음부터 몇째 번 수인가?)
1번	1	1
2번	2	1+2
3번	3	1+2+3
·	·	·
n-1번	n-1	1+2+3+4+5+6+⋯⋯+(n-1)
n번	n	1+2+3+4+5+6+⋯⋯+(n-1)+n

52째 번에 놓이는 숫자가 n번 그룹에 속한다면 52째 번 숫자는 (n-1)째번 그룹의 마지막 숫자와 n째 번 그룹의 마지막 숫자 사이에 있을 것입니다. 숫자들을 묶지 않았을 때를 기준으로 (n-1)째 번 그룹까지 숫자의 개수를 모두 세면 1+2+3+4+5+……+(n-1)이고 n째 번 그룹까지의 숫자 개수는 1+2+3+4+5+……+n이 되므로 52째 번 숫자는 이 값들 사이에 있어야 합니다. 즉, 다음 식이 성립하죠.

$1+2+3+4+5+……+(n-1) < 52 < 1+2+3+4+5+……+n$

가우스의 공식을 이용하면 $\dfrac{n \times (n-1)}{2} < 52 < \dfrac{n \times (n+1)}{2}$ 라는 식이 성립하고 이 식을 풀면 n=10이 되어 10째 번 그룹에 속하는 것을 알 수 있습니다. 9째 번 그룹까지의 숫자 개수가 45개였으니 10째 번 그룹의 7째 번 수인 7이 구하는 답입니다.

위 문제는 그룹의 순서(몇째 그룹)와 그룹 내의 순서(그룹의 마지막 수는 처음부터 몇째 번 수인가?)가 섞여 있기 때문에 어렵습니다. 그러나 이러한 혼란도 몇째 번과 몇째 번에 오는 수의 구분만 정확하게 해준다면 의외로 쉽게 풀 수 있습니다. 위에서 몇째 번과 몇째 번 수의 구분을 강조한 이유입니다.

위 문제를 풀 때 가우스의 공식을 이용했는데 이 공식은 초등학교 수학 문제에 무척 많이 나옵니다. 공식을 외워서 풀게 하지 마시고 공식을 써야 하는 문제를 만날 때마다 다음처럼 공식을 유도하여 풀게 하는 것이 좋습니다.

$$1+ \quad\quad 2+ \quad 3+ \quad\quad 4+ \cdots\cdots +(n-1)+ \ n$$

$$+ \ \big|\ n+ \quad (n-1)+ (n-2)+ (n-3)+ \cdots\cdots +2+ \quad\quad 1$$

$$(n+1)+(n+1)+(n+1)+(n+1)+ \cdots\cdots +(n+1)+(n+1)=n\times(n+1)$$

몇째 번과 몇째 번 수의 구분과 관련된 문제를 하나만 더 제시하겠
습니다.

다음은 어떤 규칙에 따라 수들을 늘어놓은 것입니다. 빈칸에 알맞은 수를 써

넣으시오.

1, 2, 4, 7, □, 16, □, □

들어가야 할 답은 왼쪽부터 차례로 11, 22, 29입니다.

이 문제도 아래처럼 풀 수 있습니다.

간단하게 답만 구하는 경우엔 위의 방법을 추천합니다만 저는 이런

경우라도 몇째 번과 몇째 번 수의 구분을 위해 하나하나 풀어 써볼 것
을 아이에게 요구합니다.

1째 번: 1

2째 번: 1+1

우리 아이 수학박사 프로젝트

3째 번: 1+1+2

4째 번: 1+1+2+3

5째 번: 1+1+2+3+4

6째 번: 1+1+2+3+4+5

n째 번: $1+1+2+3+4+5+\cdots(n-1)=1+\dfrac{n\times(n-1)}{2}$

바둑돌을 놓거나 수를 늘어놓는 방법은 이 문제들 외에도 많습니다. 제가 제시한 방법이 그 모든 문제들을 푸는 데 적합하다고 할 수는 없습니다. 하지만 이런 식의 접근 방법을 익힐 수 있다면 상당한 도움이 될 것입니다.

tip 곱셈, 나눗셈을 좀 더 잘 하려면

⋯▸ 곱셈이 덧셈의 연장임을 그림으로 알려주세요.

⋯▸ ~개씩 ~묶음의 표현에 익숙하게 도와주세요. 마트에서 물건을 살 때 일러주면 좋겠군요.

⋯▸ ~개씩 ~묶음의 표현을 이용하여 나눗셈도 곱셈과 다르지 않다는 것을 보여주세요.

⋯▸ 구구단은 입으로 외워야 합니다. 구구단을 외울 땐 2단부터만 고집하지 마세요. 다 외웠다고 생각하면 '구구단을 외자' 게임으로 마무리 하세요. 가끔씩은 틀린 척해주어야 아이가 재미있어하며 용기를 냅니다.

⋯▸ 세로식보다 가로식으로 먼저 계산시키세요. 12×23과 같은 계산은 12 ×20=240, 12×3=36, 합은 276, 749÷7은 100씩 7개, 7씩 7개 로 107 처럼 말입니다.

우리 아이 수학박사 프로젝트

3

문제 풀이에 대한
일반적 접근법

새로운 얘기로 넘어가기 전에 '어떻게 문제를 풀어야 하나?'라는 일반적인 내용을 더 이야기하고자 합니다. 대단한 방법을 제시하려는 것은 아닙니다. 대부분의 문제집 마지막 장에 있는 '문제 푸는 방법 찾기' 같은 식의 접근은 더욱 아닙니다. 아이를 가르치면서 느꼈던 것을 정리해보았습니다.

: 그림 그리기

다음 문제들을 봐주세요.

혜성이의 나이는 8살입니다. 희준이는 혜성이보다 6살 더 많고 경림이는 희준이보다 2살 더 많습니다. 경림이의 나이는 몇 살인지 알아보시오.

소은이네 반 학생 수는 35명이고 미영이네 반 학생 수는 32명입니다. 소은이네 반 남학생이 21명이고 미영이네 반 여학생이 12명이라면 소은이네 반 여학생과 미영이네 반 남학생 수의 합은 모두 몇 명입니까?

이 문제들은 결코 어렵지 않습니다만 저는 문제가 참 어렵다고 느꼈습니다. 무엇보다 문제를 읽고 이해하는 데 상당한 시간이 걸렸습니다. 문제에 나오는 숫자에 집중해야 하는데 등장인물들의 이름과 문제에서 요구하는 것을 파악하는 데 시간이 걸리더군요. 어른인 제가 그런데 아이들은 어떻겠습니까?

대부분의 수학문제들에는 여러 가지 정보가 혼재되어 있습니다. 이 정보들은 뇌의 각각 다른 부분에서 처리됩니다. 우리가 어떤 답을 만들어낼 때는 이러한 정보들이 서로 결합되어야 가능합니다만 초등학생들은 아직 이처럼 복잡한 정보를 처리하는 데 미숙합니다. 아이가 이런 문제에 막혀 끙끙거리고 있으면 저는 항상 그림을 그려보라고 권했습니다. 초등학교에 나오는 문제들이 어렵게 느껴지는 이유는 문제를 빨리 이해하지 못하기 때문입니다. 이런 문제들을 그림으

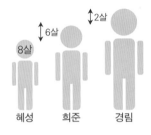

로 바꿔놓으면 다시 단순한 문제로 돌아가게 됩니다. 아직 문제를 쉽게 이해하지 못하는 아이들에겐 그림보다 더 좋은 해법은 없습니다.

아이들이 서술형 문제를 어려워하는 것을 두고 많은 학부모들이 그 해법으로 책을 많이 읽히면 된다고 얘기합니다. 맞습니다. 독서는 중요합니다. 독서는 어떤 상황을 떠올릴 수 있는 능력을 키워주기 때문에 중요합니다. 아이들은 책을 읽으면서 글에 나오는 묘사를 상상합니다. 머릿속으로 글 속의 상황을 그려내지요. 이러한 상상이 문제를 푸는 밑바탕입니다. 독서가 수학에 도움이 된다는 건 그런 의미에서입니다.

초등학교 1학년 수학책에 그림이 유독 많이 들어가는 것은 1학년 아이들이 문제에서 제시된 상황을 머릿속으로 그려내는 능력이 부족하기 때문입니다. 독서가 충분하지 않은 아이들에 대한 해법인 셈이죠. 그림을 통한 해법은 독서력이 조금씩 늘고 있는 아이들에게도 여전히 도움이 됩니다. 제가 이 책에서 거듭 그림을 강조하는 것은 바로 그런 이유 때문입니다.

: 이야기하며 풀기

앞에서도 어떤 문제를 풀 때 이야기하며 푸는 얘기를 실었습니다. 반복이지만 그만큼 중요하기에 여기서 한 번 더 얘기하고자 합니다.

희준이는 연필을 15자루 가지고 있습니다. 민수에게 5자루를 주고 준표에게 4자루를 주었다면 희준이에게 남은 연필은 몇 자루인지 알아보시오.

참 쉬운 문제죠. 왜 이렇게 쉬운 문제를 예로 들었을까 궁금한 분들도 있을 겁니다. 여러분들은 아이가 이런 문제를 풀 때 어떻게 하시나요? 저는 어떤 문제이건 아이에게 소리내어 읽어보라고 얘기합니다. 초등학생들이 어떻게 읽는지 아시죠? 큰소리로 아무 생각 없이 처음부터 끝까지 주욱 읽어 내려갑니다. 아이가 다 읽고 나면 아이에게 책을 보지 말고 그 문제를 다시 얘기해달라고 하십시오. 아이가 문제를 제대로 파악하고 있다면 잘 얘기할 것입니다. 문제를 푸는 것도 마찬가지입니다. 연필을 들기 전에 이야기를 하는 것이 더 좋습니다. 이런 식이죠.

아빠 │ 희준이가 처음에 연필 몇 자루를 가지고 있었대?

아이 │ 15자루.

아빠 │ 그런데 어떻게 했다는 거니?

아이 │ 민수에게 5자루 줬어.

아빠 │ 그럼 몇 자루 남았는데?

아이 │ 10자루.

아빠 │ 그 다음엔 어떻게 했는데?

아이 │ 준표에게 또 4자루 줬어.

아빠 │ 그럼 마지막에 희준이에게 남은 게 몇 자루니?

아이 │ 6자루.

이렇게 이야기를 하면 수학 문제를 푸는 과정을 조각조각 낼 수 있다는 점에서 좋습니다. 문제를 풀 때 거쳐야 하는 모든 과정이 아이들 머릿속에 엉켜 있을 때 아이와 대화하면 그 과정을 순차적으로

우리 아이 수학박사 프로젝트

풀어낼 수 있습니다. 이야기를 하면 암산을 유도할 수 있다는 점도 무시 못 할 장점입니다. 이렇게 이야기를 통해 아이가 얼마나 알고 있는지 파악했다면 그 다음에는 아이에게 그림을 그려보라고 하세요. 아이는 그림을 통해 자신이 말한 내용을 정리하는 시간을 가지게 될 겁니다. 그림까지 다 그렸다면 마지막으로 식을 만들게 하십시오. 식을 만듦으로써 수학적 표현을 익히게 되니 이 과정도 무시해서는 안 됩니다. 식을 만들 때 그림을 활용하면 좋습니다. 아래 그림처럼 말입니다.

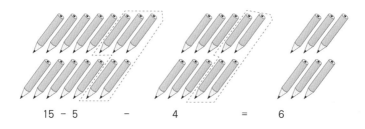

이번에는 조금 어려운 문제를 얘기해 봅시다.

아라는 머리핀을 20개 가지고 있고 동생은 10개 가지고 있습니다. 아라가 가지고 있던 머리핀 중에서 몇 개를 동생에게 준 후에 아라의 머리핀이 동생의 머리핀보다 2개 더 많아졌다면 아라가 동생에게 준 머리핀은 몇 개입니까?

이 문제는 상당히 까다로운 편입니다. 이런 문제를 만나면 아이와 어떻게 얘기해야 할까요? 부모님들마다 방법이 다를 것입니다만 문제를 푸는 방향을 찾도록 돕는다는 원칙에서 벗어나서는 곤란합니다. 문제를 푸는 것은 부모가 아니라 아이들이니 말입니다. 이런 식으로 얘기해보면 어떨까요?

아빠 | 아라가 뭘 어떻게 했다는 거니?

아이 | 동생에게 핀을 줬대.

아빠 | 그럼 아라 핀은 줄어들었겠네?

아이 | 응. 동생은 많아졌고.

아빠 | 그럼 이 문제 어떻게 해야지?

아이 | 글쎄 처음에 아라는 20개 있었는데 하나 주면 19개고 동생은 11개……

아빠 | 그 다음엔?

아이 | 하나 더 주면 아라는 18개, 동생은 12개.

아빠 | 그 다음은?

아이 | 아라 17개, 동생 13개.

아빠 | 그 다음?

아이 | 아라 16개, 동생 14개. 아, 이거네.

아빠 | 지금까지 얘기한 걸 어떻게 정리해볼 수 있니?

아이 | 표를 만들면 어떨까? 아니면 괄호 안에 써볼까? 차례차례?

이런 식의 대화를 통해서 아이가 표를 만들거나 자신만의 방법으로 정리할 수 있으면 성공이라 생각합니다. 아이와 문제를 풀다보면 부모가 더 열심히 푸는 경우가 있죠. 아이와 얘기를 할 땐 아이의 생각보다 앞서 나가지 않도록 조심해야 합니다. 부모가 얼마나 알고 있는지 아이에게 확인시키기 위해 아이를 가르치는 것은 아니니까요.

: 계산 실수

"우리 집 애는 간단한 계산을 잘 틀려요.""쉬운 문제인데 실수를 해서 틀렸더군요." 학부모님들이 자주 하는 얘기입니다. 대부분의 부모님들은 이런 경우 연습을 더 집중해서 하면 해결될 거라고들 생각하시죠. 맞습니다. 연습을 하면 나아지죠. 그런데 그게 다일까요? 혹시 다른 문제는 없을까요?

저는 아이들이 실수를 하는 이유를 『아이들은 왜 수학을 어려워할까?』에서 '절차에 따른 문제 해결에서 겪는 어려움' 때문이라고 주장한 바 있습니다. 연산에서 절차상의 어려움을 가장 잘 보여주는 경우가 바로 세로식이라 할 수 있습니다. 세로식에서는 빌려오거나 올려주고 자릿값에 맞추어 계산 결과를 써야 하고 '0'이 나오는 경우 자릿값에 더 신경을 써야 하죠. 이 모든 과정에서 아이들은 절차상의 어려움을 겪습니다.

세로식은 절차만 잘 지킨다면 답을 쉽게 낼 수 있다는 장점이 있죠. 그래서 아이들은 그 절차를 잘 기억하기 위해 반복적으로 연습을 합니다. 비슷한 유형의 연산 문제를 아이들이 반복해서 푸는 것도 바로 그 이유 때문입니다. 시중에 나와 있는 많은 문제집들도 마찬가지입니다. 시중의 문제집들에서 권하는 방식을 따르면, 물론 아이들이 그대로 해주기만 한다면, 계산은 거의 자동적으로 습득할 수 있을 것입니다. 하지만 그런 방식으로 연산을 익히는 것은 아이의 수학적 사고력 발달을 위해서는 그리 좋은 일이 아닙니다. 게다가 단순한 절차의 암기는 얼마의 시간이 지나면 잊어버리게 마련이죠. 절차적 풀이에 집중한 경우는 더욱 그럴 가능성이 높습니다.

저는 『아이들은 왜 수학을 어려워할까?』에서 헌터가 제시한 학습의 진보에 필요한 네 가지 조건을 얘기했습니다. 그 조건들은 1) 작업을 잘 수행하고자 하는 마음(동기 부여), 2) 새로운 지식이나 기술을 적용하는 방법에 대한 이해, 3) 특정한 상황에 어떻게 새로운 지식을 적용해야 하는지에 대한 이해, 4) 결과를 분석해서 향후 더 나은 결과를 얻기 위해서 무엇을 해야 하는지에 대한 이해, 이 네 가지입니다.

절차적 수학을 잘 하는 아이가 어떤 수준에 와 있는지 알고 싶으면 헌터의 이 기준에 맞추어 점검해볼 필요가 있습니다. 절차적 수학에 길들여지면 절차 이상의 의미를 파악하기 어려운 경우가 많기 때문이죠. 기계적으로 푸는 방식을 배운 아이들은 절차상의 문제가 발생하여 오답을 구하더라도 자신이 왜 틀렸는지 찾아내지 못하는 경우가 많습니다.

게다가 문제가 가진 의미를 알지 못하니 문제 형태를 조금만 바꾸어도 답을 찾지 못하죠. 세로식으로 나눗셈 문제를 잘 풀더라도 몫과 나머지 그리고 나누는 수를 주고 나뉘는 수를 물어보았을 때 대답하지 못하는 경우가 이에 해당합니다. 게다가 아무 의미 없이 반복적으로 문제를 풀어나가다 보면 자신에게 동기부여를 하지 못하게 되는데 그것이 만약 수학에 대한 전반적 흥미의 감소로 이어진다면 그보다 더 나쁜 일은 없을 것입니다.

특별한 의미가 있는 정보일수록 오래도록 기억되기 마련이죠. 연산도 마찬가지입니다. 반복 훈련이 연산 능력을 향상시키는 것은 분명 맞지만 단순한 기계적 반복보다는 절차의 의미를 이해하고 행하는 반복이 훨씬 더 바람직합니다. 연산 절차를 이해하고 그 의미를 파악하면 다양한 응용 문제가 나와도 얼마든지 풀 수 있습니다. 지식의 진정한 획득은 여러 상황에서 자신의 지식을 활용할 수 있는 데

우리 아이 수학박사 프로젝트

있음을 고려하여 무의미하고 반복적인 연산 훈련은 마땅히 지양하여야 합니다.

: 전체 보기

저는 재수 시절 학원에 다녔습니다. 백발의 수학 선생님이 계셨는데 (지금은 성함을 기억하지 못합니다) 저는 그분과 만났던 첫 시간을 아직도 기억합니다. 그 선생님과 만난 첫 시간, 학생들이 문제집에 나온 첫 문제를 풀려고 서두르자 "어허, 다들 연필 내려놔"라고 하셨습니다.. 그 문제는 객관식 문제였는데 선생님께선 "뭘, 연필로 풀려고들 해. 눈으로 풀어"그러시더군요. 한 1분쯤 지났을까? 선생님께선 "어때 다들 풀었지?"라고 물어보셨습니다. 물론 그 문제는 연필을 들지 않아도 풀 수 있는 문제였습니다만 그 노선생님의 "연필 내려놔"호령은 문제를 가리지 않고 1년 내내 이어졌습니다.

여러분의 아이들은 어떻습니까? 아이들이 문제를 대하는 모습을 한 번 보세요. 문제를 접하면 몸을 숙이고 연필을 들고선 종이 위에 계속 뭔가를 쓰면서 풀려고 하지는 않습니까? 저는 아이가 이런 모습을 보일 때마다 그 선생님처럼 "연필 내려놔"그럽니다. 그리고 한마디 더 하죠. "한 발 뒤로 물러서서 문제를 봐라."

연필을 내려놓으라거나 한 발 뒤로 물러서라는 주문은 문제 전체를 이해하고 새로운 각도로 보라는 뜻입니다. 연필을 들고 문제에 코를 박으면 문제 전체를 이해하기 어렵습니다. 다짜고짜 문제를 푸는 것도 그리 권할 만한 것은 아닙니다. 대부분의 초등 수학문제는 암산으로 풀이가 가능한 것도 연필을 내려놓으라는 이유 중 하나입니다.

: 생활 속 수학

다음 문제를 보세요.

문

쌀 씻기	3분	카레 만들기	10분
밥 짓기	30분	된장국 끓이기	25분
호박 썰기	5분	상 차리기	5분

일을 하는 데 다음과 같은 순서로 할 때, 가장 빨리 하려면 아래와 같은 조건에서 상차리기까지 몇 분 걸립니까?

1. 밥 짓기는 쌀 씻기를 먼저하고 나서 해야 합니다.

2. 카레 만들기와 된장국 끓이기는 호박 썰기를 하고 나서 해야 합니다.

3. 상 차리기는 밥 짓기와 카레 만들기와 된장국 끓이기를 모두 하고 나서 해야 합니다.

초등학교 수학이란 그저 사칙연산이나 다룬다고 생각했던 저는 이 문제를 보고 정말 놀랐습니다. 이 문제는 수학에서 말하는 '논리적 사고'가 무엇인지를 간접적으로 보여주고 있습니다. 이 문제는 부모님들이 푸신다면 아마 문제의 조건을 읽지 않아도 금방 하실 수 있을 겁니다. 하지만 아이들이라면 무엇부터 해야 하는지 알지 못해서 문제의 조건을 꼼꼼히 읽은 뒤에도 금방 답을 구하지 못하겠죠. 어른들은 이런 일을 하는 데 '어떻게 하면 가장 효율적으로 할 수 있나'를 체득하고 있기 때문입니다. 정확하게 말하자면 논리적 절차의 체득이라고 할 수 있죠. 이건 단순히 경험의 차이로 돌릴 수 있는 문제는 아닙니다. 가사에 경험이 없는 아빠들이라도 일의 순서에 맞춰서 계획하는 일 정도는 할 수 있으니 말입니다.

생활 속에는 곳곳에 수학이 숨어 있습니다. 목적지까지 갈 수 있는 가장 빠른 길을 택하는 결정에서부터 옷을 맞춰 입는 것까지 모든 면에 수학이 숨어 있습니다. 문제집은 이런 내용들을 좀 더 과장해서 나타내고 있을 뿐입니다.

아이들을 생활 속 수학에 친근하게 만드십시오. 마트에서 물건 값을 비교하는 일, 자동차 속도에 대해 서로 얘기하는 일, 피자를 나눠 먹는 일 등을 통해 아이들과 수학에 대해 얘기하세요. 단, 세련된 방법으로 말입니다. 수학 문제 풀듯 대놓고 수학 문제를 만들지는 마십시오. 상의가 세 벌, 바지가 두 벌, 양말이 두 켤레인 경우 입을 수 있는 방법은 몇 가지니? 이런 식으로 묻지 마시고 옷을 늘어놓으면서 이렇게 짝을 지어 입으면 좋겠다는 식으로 경우의 수에 대해 얘기하세요. 아래 그림처럼 말입니다.

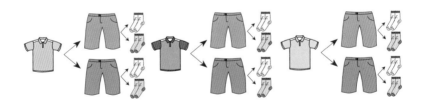

마트에서 물건을 살 때도 마찬가지입니다 "어? 이건 100g당 1250원인데 저건 250g에 3300원이네. 뭘 사지?" 이런 식으로 아이와 얘기해 보세요. 아이들이 직접 계산하는 것도 도움이 됩니다. 요즘은 신용카드를 많이 쓰기 때문에 돈을 주고 거스름돈을 받는 일이 많지 않습니다. 소액결제인 경우, 아이에게 돈을 주어 계산하고 거스름돈을 확인하도록 하시면 좋겠습니다. 일상생활 속의 수학에 많이 노출되면 될수록 아이들과 수학 사이의 거리는 가까워질 수 있습니다.

 tip 문제 풀이를 좀 더 잘 하려면

⋯ 문제를 잘 읽은 후 보지 않고 설명해보라고 하세요.

⋯ 문제를 그림으로 설명하도록 하세요. 풀이도 마찬가지입니다.

⋯ 아이가 문제의 핵심을 잘 파악하고 있는지 질문해보세요.

⋯ 아이와 대화하며 같이 문제를 풀어보세요. "이 조건은 뭘 말하니?" 같은 두루뭉술한 질문, "곱해서 일의 자리가 1이 나오는 수가 어떤 것이 있니?" 같은 정확한 질문 중 어떤 질문을 해야 하는지는 아이의 수준과 이해정도에 달렸습니다.

⋯ '어림'을 적극 권장하세요. 이 정도 값이면 어떨까? 한번 넣어볼까? 이런 식의 접근을 답답하다고 생각하지 마세요.

⋯ 방정식에 너무 의존하지 마세요. 방정식이 아닌 방법이 있다면 그것부터 쓰세요.

⋯ 식을 너무 고집하지 마세요. 식보다는 그림과 직관이 먼저입니다.

⋯ 연필을 들기 전에 생각부터 하라고 하세요.

⋯ 생활 속에서 수학을 발견해보세요.

우리 아이 수학박사 프로젝트

4

분수

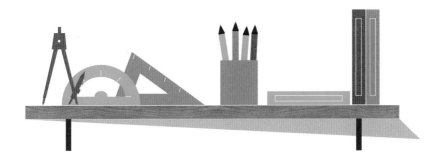

1

분수에서
강조해야 할 점

🌼

아이들은 음식을 나누는 경험을 통해 분수를 처음 접하게 됩니다. 일상에서 경험하는 분수래야 '반' 혹은 '셋 중의 하나' 정도여서 아이들이 어렵게 여기지 않지만 실제 분수는 그렇게 만만하지 않습니다. 무엇보다 분모가 커질수록 값이 작아진다는 점에서 그렇습니다. 그러므로 분수를 시작하기 전에 나누면 나눌수록 돌아오는 몫이 작아진다는 사실을 강조할 필요가 있습니다.

: 분수의 크기에 대한 감각 키우기

피자를 나누는 것을 통해 아이들은 분수의 개념을 어느 정도 알고 있다고 할 수 있습니다. 2명이 먹을 때, 4명이 먹을 때, 8명이 먹을 때처럼 나눠먹는 사람들이 늘어나면 늘어날수록 몫이 줄어든다는 것도 이해하고 있지요. 몫이 줄어든다는 것, 즉 양적으로 크기가 줄어든다는 사실을 수라는 관점에서 이해시키려면 수직선을 사용하면 좋습니다. 이렇게 말입니다.

이렇게 수직선으로 보여주는 가장 큰 이유는 아이들이 가지고 있는 수직선의 이미지에 분수가 가지는 위치를 추가하기 위함입니다. 수직선에서의 분수의 크기에 대한 감각이 있어야 다음과 같은 문제를 풀 수 있습니다.

A 안에 들어갈 수 있는 수를 모두 쓰시오. (단 A는 자연수임)

$$\frac{1}{5} \langle \frac{1}{A}$$

둘째로 큰 분수는 어느 것입니까?

$$\frac{4}{18}, \frac{4}{7}, \frac{4}{12}, \frac{4}{16}, \frac{4}{11}$$

A 안에 공통으로 들어갈 수 있는 수는 무엇입니까? (단 A는 자연수임)

$$\frac{7}{14} \langle \frac{A}{14} \langle \frac{9}{14}, \quad \frac{1}{9} \langle \frac{1}{A} \langle \frac{1}{6}$$

수직선 얘기를 꺼냈으니 수직선으로 할 수 있는 것들을 한번 봅시다. 먼저 아래 그림을 보세요.

114

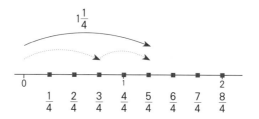

이 그림을 통해 설명할 수 있는 것들은 다음과 같습니다.

① 분모(4)는 일정한데 분자가 변하면서 수의 크기가 정해진다는 것

② $\frac{3}{4}$보다 $\frac{5}{4}$가 크다는 것

③ $\frac{3}{4}$은 $\frac{1}{4}$보다 세 칸 오른쪽이라는 것(즉 $\frac{3}{4}$은 $\frac{1}{4}$의 3배라는 것).

④ $\frac{5}{4} = \frac{4}{4} + \frac{1}{4}$ 또는 $\frac{3}{4} + \frac{2}{4} = \frac{5}{4}$ 혹은 $1 + \frac{1}{4}$이라는 것 (분수를 표현하는 방법은 많다.)

간단한 수직선이지만 여기에서 아이가 배울 수 있는 것은 많습니다. 분수의 크기에 대한 감각을 익히는 것이 가장 중요합니다. 아이가 이러한 것에 익숙해지면 분모의 크기가 같은 분수끼리의 덧셈, 혹은 분모가 같을 때 어느 분수가 더 큰지, $\frac{5}{8}$은 $\frac{1}{8}$의 몇 배인지 등을 묻는 문제는 쉽게 해결할 수 있을 것입니다.

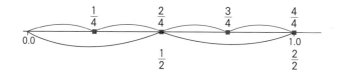

이왕 수직선으로 보여줄 것이라면 위의 그림도 빼놓지 마세요. 이 그림은 $\frac{1}{2} = \frac{2}{4} = \frac{4}{8} = \frac{6}{12}$ 같은 관계를 설명할 때 도움이 됩니다. 약분의

개념을 미리 가르치라는 뜻은 아닙니다. 1을 4등분 했을 때 두 번째 오는 값이나 1을 2등분 했을 때 첫 번째 오는 값이 물리적으로 같다는 것을 보여주란 뜻입니다. 꼭 수직선을 사용할 필요는 없습니다. 아이들에게 친숙한 원을 이용하여 원을 그리고 나누는 방식으로 보여주어도 좋고 사각형을 이용해도 좋습니다.

: 부분을 분수로 나타내기

'하루 36개의 인형을 만드는 사람이 하루의 $\frac{1}{4}$시간 동안 만들 수 있는 인형의 개수는?'이란 문제를 봅시다. 사실 이 문제는 36의 $\frac{1}{4}$은 얼마인가? 하는 문제이죠. 어른들은 이런 표현에 익숙한 편입니다. 이런 표현이 나오면 36과 $\frac{1}{4}$을 곱하라는 의미라는 것을 잘 압니다. 하지만 아이들은 그렇지 않죠. 아이들은 이 문장만으로는 $36 \times \frac{1}{4} = 9$ 혹은 $36 \div 4 = 9$라는 식을 잘 만들지 못합니다. 게다가 이런 유형의 문제는 분수의 곱셈 이전에 나옵니다. 그러니 이런 유형의 문제는 분수의 곱셈을 가르치기 전에 그림을 통해 이해하는 것이 좋겠습니다.

그림으로 이해하고 나면 어떤 수의 몇 분의 1과 같은 표현은 그 수만큼 나누라는 뜻이라는 것을 이해하게 됩니다. 그렇게 되면 '어떤 수의 $\frac{2}{4}$는 12입니다. 어떤 수의 $\frac{1}{6}$은 얼마입니까?' 같은 문제도 충분히 이해할 수 있습니다. 먼저 그림을 통해 이해시키십시오.

: 단위수에 대한 개념

사실 '36의 $\frac{1}{4}$은 얼마인가?'라는 문제는 굳이 그림을 그리지 않아도 문장만 바꾸면 이해할 수 있습니다. '36을 네 토막으로 나눈 것 중 하나는 얼마인가?' 혹은 '36을 넷으로 나누면?' 이런 식으로 말입니다. 하지만 이 문제보다 조금 더 나간 문제, 예를 들면 '36의 $\frac{3}{4}$은 얼마인가?' 하는 문제는 말로만 설명하기 조금 어렵습니다. 이런 유형의 문제는 분수의 곱셈이 채 나오기도 전에 등장합니다.

분수의 곱셈을 아직 배우지 않은 상태에서 $36 \times \frac{3}{4}$를 가르칠 수 없을 테니 그림을 그려서 풀거나 아니면 '36을 네 토막으로 나눈 것 중 하나는 얼마인가?' 식으로 36의 $\frac{1}{4}$을 구하고 이것을 3배 하도록 하는 것이 가장 좋은 방법입니다. 이때 $\frac{1}{4}$은 계산의 기본 단위가 되는 단위수(unit number)라고 할 수 있습니다. 단위수를 알면 그 다음 계산은 매우 쉬워집니다. 단위수를 몇 배 하면 답을 구할 수 있기 때문이지요. 어떤 문제라도 단위수를 먼저 구하고 그로부터 문제를 푸는 방식을 택하도록 하십시오. 문제집에는 아래처럼 단위수를 이용하면 쉽게 풀 수 있는 문제를 종종 찾을 수 있습니다.

윤기네 반 전체 학생의 $\frac{3}{7}$은 A형이고 $\frac{1}{7}$은 O형입니다. A형도 O형도 아닌 학생이 15명이라면 윤기네 반 전체 학생은 몇 명입니까? 완자 최고수준 4-가

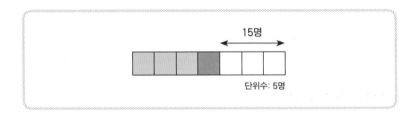

15명

단위수: 5명

단위수를 익히다 보면 분수의 곱셈을 자연스럽게 배울 수 있다는 것도 또 다른 소득입니다. 아이들은 자연수와 분수의 곱셈을 처음 접할 때 자연수를 어디에 곱해야 하는가? 하는 문제를 놓고 고민에 빠집니다. 위의 문제에서 단위수 $\frac{1}{4}$의 3배를 $\frac{1}{4}+\frac{1}{4}+\frac{1}{4}=3\times\frac{1}{4}=\frac{3}{4}$처럼 표현하다보면 자연수와 분수를 곱할 때 자연수는 분자에 곱해야 하는 것임을 저절로 알게 될 것입니다. 물론 이것을 일반화해서 가르치려면 모든 자연수가 분모를 1로 하는 값임을 얘기해주셔도 좋겠습니다. $3=\frac{3}{1}$처럼 말이죠. $3\times\frac{1}{4}$도 $\frac{3}{1}\times\frac{1}{4}=\frac{3}{4}$로 말씀해주시는 편이 낫겠습니다. 분수의 곱셈에서 분모는 분모끼리, 분자는 분자끼리 곱한다는 것을 강조하기 위함입니다.

: 나눗셈을 그림으로 설명하기

분수를 시작할 때는 항상 1이 기준이어서 "한 판의 피자를 몇 조각으로 나누면~"과 같은 표현을 많이 쓰게 됩니다만 아이가 분수를 어느 정도 이해하게 되면 $2\div3=\frac{2}{3}$처럼 어떠한 나눗셈도 분수로 표현할 수 있음을 알려주고 그림으로 설명할 필요가 있습니다. $2\div3=\frac{2}{3}$는 피자 한 판을 나누는 것으로는 설명하기 어렵습니다만 설명이 어려운 것은 아닙니다. 빵 두 개를 3명이 나눈다고 해도 설명할 수는 있습니다. 그림처럼 말입니다.

우리 아이 수학박사 프로젝트

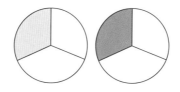

빵 두 개를 3명이 나누는 것 정도는 그림으로 쉽게 설명할 수 있었지만 그림을 통한 설명이 항상 쉬운 것은 아닙니다. 무엇보다 개념을 쉽게 잡아내기가 어렵습니다. 빵 2개를 나누는 경우를 예로 들어 $2 \div \frac{1}{2} = 4$를 설명해 볼까요? 빵 두 개를 두 사람에게 나눠주면 한 사람당 한 개씩, 한 사람에게 나눠주면 한 사람에게 빵 2개가 돌아가죠. 이런 식으로 따진다면 사람이 반으로 줄어든 경우 즉, $\frac{1}{2}$ 사람에게 빵 2개는 4개나 다름없게 됩니다. 즉, $2 \div \frac{1}{2} = 4$가 됩니다.

논리적으로는 어렵지 않습니다만 이것을 아이들에게 설명하기가 참 난감합니다. 사람이 반으로 줄어든다는 것을 어떻게 설명하겠습니까? 이것을 '전체로서의 하나 속에 몇 개가 들어가는지'로 설명한다면 그나마 쉽습니다. 즉, '빵 2개를 전체로 볼 때 그 안에 $\frac{1}{2}$쪽은 몇 개가 들어가나?'란 문제로 바꿔서 설명하면 됩니다. 그림으로 그려도 쉽게 설명할 수 있지요. ❶, ❷, ❸, ❹ 이렇게 말입니다.

하지만 이 방식도 어렵기는 마찬가지입니다. 큰 수(2)로 작은 수($\frac{1}{2}$)를 나누는 경우는 위에서와 같이 그림으로 쉽게 표현할 수 있지만 $\frac{1}{3} \div \frac{1}{2}$처럼 작은 수에서 큰 수를 나누는 경우는 표현이 어렵습니다. 위에서 빵을 나누는 것을 얘기했던 논리를 이용해 하나하나 따져가는 것이 도움이 될 듯합니다. 이렇게 말입니다.

전체 일의
3분의 1을
3명이 나눈다면

전체 일의
3분의 1을
2명이 나눈다면

전체 일의
3분의 1을
혼자서 한다면

전체 일의 3분의 1을
혼자서 해야 하는데
아파서 하루에 절반만
일할 수 있다면

1명당 원래 걸리던
시간의 9분의 1만
일하면 됨

1명당 원래 걸리던
시간의 6분의 1만
일하면 됨

1명당 원래 걸리던
시간의 3분의 1만
일하면 됨

1명당 원래 걸리던
시간의 3분의 1의
2배만큼 걸림
($1/3 \times 2 = 2/3$)

아이들이 쉽게 이해할 수 있다면 "~안에 ~개가 들어 있나?"와 같은 방식으로 설명하셔도 됩니다. 위의 문제를 다시 써보죠. 바둑돌 6개가 있다고 합시다. 6개의 $\frac{1}{3}$, $\frac{1}{2}$은 각각 2개, 3개입니다. 그러므로 $\frac{1}{3}$ ÷ $\frac{1}{2}$는 "바둑돌 2개 안에는 몇 개의 바둑돌 3개가 들어 있나?"로 바꿔 얘기할 수 있습니다. 금방 답이 떠오르지 않으시죠? 답은 $\frac{2}{3}$입니다. 혹시 잘 이해가 되지 않으시나요? 이해가 잘 되지 않으면 $\frac{2}{3}$개의 바둑돌 3개가 몇 개인지 생각해보세요($\frac{2}{3} \times 3 = 2$). 아이가 이 정도로 설명하여 이해한다면 이렇게 설명해도 좋겠습니다만 이런 식의 설명은 어른에게도 쉽지 않아 보입니다.

어렵긴 하지만 그림이나 설명을 통해 아이들에게 분수에서 나눈다는 것이 무엇인지 알려주는 것은 중요합니다. 6학년 1학기에서 다루는 분수의 나눗셈에 나오는 내용 중 분모가 같은 진분수끼리의 나눗셈에 대한 설명에는 "분모가 같은 진분수끼리의 나눗셈은 분자끼리의 나눗셈과 같습니다."로 나와 있더군요. 그리고 이 문장 밑에는 $\frac{4}{5} ÷ \frac{2}{5} = 4 ÷ 2 = 2$이 예로 나와 있었습니다. 이 문장 그대로 아이에게 가르쳐도 문제는 없습니다만 분수의 나누기를 아래처럼 그림으로 이해하고 있는 아이라면 이렇게 문장으로 가르칠 필요는 없겠죠. 아마 직관적으로 이

우리 아이 수학박사 프로젝트

해할 수 있을 겁니다. 분수의 나눗셈을 단순한 계산으로만 받아들이는 것보다 훨씬 사고의 폭이 넓어질 것입니다.

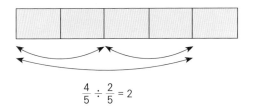

$$\frac{4}{5} \div \frac{2}{5} = 2$$

: 분수는 곱셈이다

나눗셈이 분수 그 자체라는 것을 이해하는 아이들에겐 분수를 곱셈의 형태로 나타낼 수 있음을 ($3 \div 2 = \frac{2}{3} = 3 \times \frac{1}{2}$) 가르쳐주시기 바랍니다. 책에는 "분수에서의 나눗셈은 역수를 곱하는 것이다"라고 나와 있지만 이것을 처음부터 외우게 하지는 마십시오. 스스로 그런 결론을 낼 수 있도록 돕는 것도 중요합니다. 외우는 것은 그 이후라도 상관없습니다. $3 \div \frac{5}{2} = \frac{3}{\frac{5}{2}} = \frac{3 \times 2}{\frac{5}{2} \times 2} = 3 \times \frac{2}{5}$ 처럼 말입니다. 이러한 방식은 나누기가 바로 분수라는 개념에서 출발하는 것이지요. 이런 전개를 통하여 아이는 분모가 분수인 수를 어떻게 다뤄야 하는지도 배울 수 있을 것입니다.

분수식의 곱셈, 나눗셈과 관련하여 아이들이 하나 더 숙지하고 넘어가야 할 계산 방법은 X자형 계산입니다. 소위 비례식의 내항 외항의 곱에 사용하는 그 계산 말입니다. 이 계산 방법은 한번 외우고 지나갈 만합니다. 물론 유도하는 법을 배운 뒤에 말입니다.

X자형 계산은 $\frac{(X-2)}{(Y+3)} = \frac{2}{5}$ $\Rightarrow$ $5 \times (X-2) = 2 \times (Y+3)$ 이렇게 계산되는 것을 말합니다. 이 식도 $(X-2) \div (Y+3) = \frac{2}{5}$ 에서 시작하여 위의 식을 유도하도록 하십시오. 아이들이 충분히 할 수 있을 겁니다. 그 다음에

외울 수 있으면 좋겠습니다.

: 분수에서의 몇 분의 몇: 그림을 통한 곱셈 개념의 확장

앞에서 '36의 $\frac{1}{4}$은 얼마인가? 식의 표현을 아이들에게 $36 \times \frac{1}{4}$로 가르쳐야 하는가?'에 대해 말씀드리면서 분수의 곱셈에 대해 얘기했습니다. 이미 분수의 나눗셈은 역수를 곱하는 것이라는 얘기도 했으니 이번에는 조금 더 나가서 '$\frac{3}{4}$의 $\frac{1}{3}$은 얼마인가?'에 대해 얘기해봅시다. 36의 $\frac{1}{4}$을 $36 \times \frac{1}{4}$로 가르치신 부모님들께선 이것도 당연히 $\frac{3}{4} \times \frac{1}{3}$으로 가르치시겠지요. 다들 아시다시피 계산은 무척 쉽습니다. 하지만 이 경우라도 그림을 통해 그 의미를 한번 되새기는 것도 좋겠습니다.

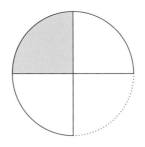

위 그림은 $\frac{3}{4}$쪽 중 $\frac{1}{3}$쪽을 나타낸 것이죠. 결국 이것은 $\frac{1}{4}$이라는 것을 알 수 있습니다. 굳이 곱하지 않아도 그림으로 알 수 있습니다. 분수의 곱셈기술만 가르치지 마시고 그 내용을 그림으로도 알려주셨으면 합니다. 하지만 그림으로 설명하는 것이 늘 쉬운 것은 아닙니다. $36 \times \frac{1}{4}$ 혹은 $\frac{3}{4} \times \frac{1}{3}$ 같은 문제들은 비교적 쉬운 편에 속합니다만 $4\frac{1}{4} \times 3\frac{2}{3}$ 같은 곱셈은 어떤가요? 이 곱셈을 그림으로 나타내주시는 부모님이 계신가요? 분수 곱셈의 기본까지만 가르쳐주면 되지 그것까지

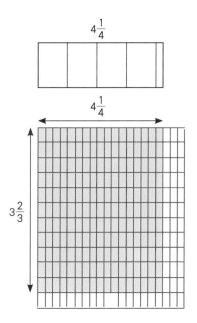

그려줄 필요가 있냐고 생각하시겠지만 아이들의 이해를 돕기 위해서라면 이 정도의 서비스는 필요하지 않을까 싶습니다. 이 문제는 위의 그림처럼 보여주면 됩니다.

이 그림은 $4\frac{1}{4}$ 크기의 막대가 $3\frac{2}{3}$ 개 있는 형태입니다. 두 분수의 곱은 노란색으로 나타낸 부분의 면적을 나타내는 것이므로 $\frac{17}{4} \times \frac{11}{3} = \frac{187}{12} = 15\frac{7}{12}$ 로 나타낼 수 있습니다. 자연수의 곱에서는 아주 당연한 내용이지만 $3\frac{2}{3}$ 배를 한다는 것이 언뜻 머리에 들어오지 않기 때문에 아이들에게 설명하기가 꺼려지는 경우가 많습니다. 직사각형에서 가로와 세로의 곱이 넓이를 뜻한다는 것을 아이들에게 상기시키고 분수의 곱셈도 특별한 것이 아님을 알려줄 필요가 있겠습니다. 문제집에서도 분수의 곱셈 부분에서 넓이 개념으로 다루고 있더군요.

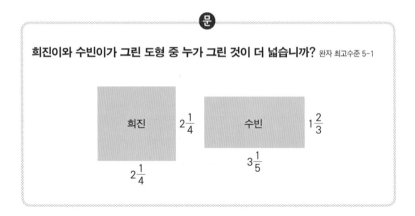

희진이와 수빈이가 그린 도형 중 누가 그린 것이 더 넓습니까? 완자 최고수준 5-1

희진 $2\frac{1}{4}$

$2\frac{1}{4}$

수빈 $1\frac{2}{3}$

$3\frac{1}{5}$

: 통분의 의미

분수의 덧셈을 하기 전에 아이들에게 $\frac{1}{2}+\frac{1}{3}$ 을 어떻게 더할지 물어보십시오. 분수의 덧셈을 배우기 전이라면 아이들 반응은 크게 두 가지입니다. 어떻게 더할지 몰라 연필만 굴리거나 $\frac{1}{5}$ 처럼 황당한 대답을 하는 경우 말입니다.

그런 아이들에게 피자를 모델로 하여 다시 물어보십시오. 단순히 분수식으로만 물었을 때 보다는 좀 더 고민하며 정답에 가까운 답을 내놓을 가능성이 높을 것입니다. 만약 친절하게 잘 잘린 피자 모형을 주면 금방 답할 수 있을 겁니다. 아래 그림처럼 말입니다.

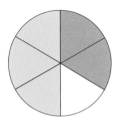

분수를 더하거나 빼려면 통분을 해야 합니다. 이 과정에서 제일 중

요한 것은 '어떻게 통분을 하느냐?'이고 당연히 그 점을 강조하여 가르칠 수밖에 없습니다. 즉, 통분의 기술을 가르치는 것이죠. 하지만 통분의 방법만 강조하면 통분이 가지고 있는 의미는 전달하지 못할 겁니다. 통분이란 분수를 비교하기 위한 것이라는 점을 강조할 필요가 있습니다. 다음 문제를 한번 봅시다.

두 학생이 구슬을 나눠 가졌다. 한 학생은 전체 구슬의 $\frac{1}{2}$보다 2개 더 가졌고 다른 학생은 전체 구슬의 $\frac{2}{5}$보다 3개 더 가졌다. 전체 구슬은 몇 개인가?

완자 최고수준 5-1

물론 이 문제는 $\frac{1}{2} \times X + 2 + \frac{2}{5} \times X + 3 = X$로 놓으면 금방 풀 수 있습니다. 문제집의 풀이도 이와 다르지 않습니다. 방정식을 선호하는 부모님들은 아이들이 이렇게 푸는 것도 좋아하실 수 있을 것 같습니다. 그럼, 이 문제를 방정식을 쓰지 않고 그림으로 그려서 풀어볼까요?

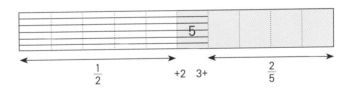

어떻습니까? 답이 50이라는 것을 금방 알 수 있지요? 통분의 목적은 두 분수를 비교하기 편하게 하는 데 있습니다. 이 문제에서처럼 $\frac{1}{2}$과 $\frac{2}{5}$의 비교를 위해 전체를 10토막 내는 과정, 바로 이 과정이 통분인 것이죠. 통분을 하는 방법보다는 통분의 의미를 전달할 수 있으면 좋겠습니다.

2
분수 문제
들여다보기

: 토대 점검하기

> **문**
>
> $\dfrac{10}{3}$, $\dfrac{13}{4}$, $\dfrac{16}{5}$ 중에서 3에 가장 가까운 분수를 쓰시오. 완자 최고수준 5-1

 이 문제는 무척 쉬운 편입니다만 아이들이 어떻게 푸는지 한번 잘 보실 필요가 있습니다. 각 분수를 $3+\dfrac{1}{3}$, $3+\dfrac{1}{4}$, $3+\dfrac{1}{5}$까지 쓰고 답을 찾는다면 100점입니다. 3을 제외한 나머지 분수를 다 통분한 다음 답을 찾으면 50점입니다. 큰 수로 나눌수록 값이 작아진다는 것을 잘 이해하고 있는지 눈여겨보십시오.

: 그림 그려 풀기

　수직선이나 원을 나누는 방식으로 아이들이 분수에 대한 개념을 충분히 익혔다면 어떤 단위든 1(혹은 전체)이 될 수 있다는 사실을 알려주는 것이 중요합니다. 하루 동안 한 일의 양이 1이 될 수 있고 한 학년의 전체 학생 수가 1이 될 수도 있습니다.

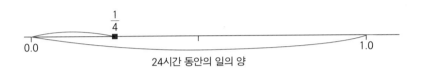

24시간 동안의 일의 양

　문제집에는 이 개념을 이용한 문제가 매우 많이 나옵니다. 문제를 많이 꼬아놓는 경우도 있습니다만 이 개념에서 크게 벗어나는 경우는 드뭅니다. 식을 써서 풀 수도 있겠습니다만 이런 문제를 접하면 우선 시각적으로 보여주는 것이 중요합니다. 다음 문제들을 한번 보시죠.

> **승환이는 전체가 81쪽인 동화책을 어제까지 전체의 $\frac{5}{9}$를 읽고, 오늘은 어제까지 읽고 남은 쪽수의 $\frac{5}{6}$를 읽었습니다. 오늘 읽은 동화책의 쪽수는 몇 쪽입니까?** 완자 최고수준 4-가

　이 문제는 81의 $\frac{5}{9}$인 45를 먼저 구해서 81에서 뺀 후(81-45=36) 36의 $\frac{5}{6}$를 구하라는 문제입니다. 차근히 풀면 어려울 것이 없는 문제입니다만 저는 이런 경우라도 먼저 그림을 그려보라고 권합니다. 그림을 그려 풀면 다음과 같죠.

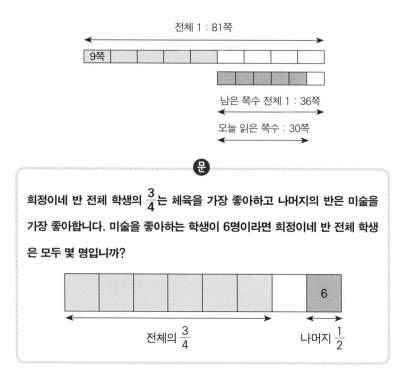

이 문제는 전체 학생 수가 주어지지 않아 앞의 문제와는 성격이 다릅니다. 그렇다고 해서 문제를 푸는 기본 방향까지 바꿀 필요는 없습니다. 그림을 적극 활용하면 됩니다. 그림을 활용하면 방정식과 관련된 문제도 쉽게 풀 수 있습니다. 다음 문제를 보시죠.

효민이와 신정이는 같은 수만큼의 구슬을 가지고 있고, 철민이는 효민이와 신정이가 가진 구슬 수의 합의 $\frac{3}{5}$ 만큼 가지고 있었습니다. 효민이와 철민이가 신정이에게 구슬을 2개씩 주었더니 효민이가 가지고 있는 구슬 수는 신정이가 가지고 있는 구슬 수의 $\dfrac{3}{9}$이 되었습니다. 철민이가 처음에 가지고 있던 구슬은 몇 개인지 풀이 과정을 쓰고 답을 구하시오.

이 문제는 방정식을 써야 하나 싶을 정도로 내용이 복잡합니다만 (물론 방정식으로 풀면 금방 풀립니다) 이런 경우라도 그림을 그리는 습관을 들여야 합니다.

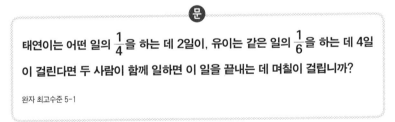

∶ ～당에 대한 문제

문

태연이는 어떤 일의 $\dfrac{1}{4}$을 하는 데 2일이, 유이는 같은 일의 $\dfrac{1}{6}$을 하는 데 4일이 걸린다면 두 사람이 함께 일하면 이 일을 끝내는 데 며칠이 걸립니까?

완자 최고수준 5-1

이 문제를 꼽은 이유는 '～당'의 개념을 적용하기 좋기 때문입니다.

사실 이 문제는 분수 대신 시간으로 나왔다면 다른 부분에 나온 문제와 구분하기 어려웠을 겁니다. 분수로 나왔을 뿐 '~당'의 개념을 적용하는 것은 똑같습니다. 태연은 하루당 $\frac{1}{8}$만큼, 유이는 하루당 $\frac{1}{24}$만큼 하니 둘이서 같이하면 하루당 $\frac{1}{6}$만큼 하는 셈이 되어 전체 일을 하는 데 6일이 걸린다는 것을 쉽게 구할 수 있죠.

~당에 대한 문제 중에 꼭 익히고 넘어가야 할 내용이 있다면 속도에 대한 문제입니다. 다음 문제를 한번 보시죠.

일정한 빠르기로 1분에 각각 $1\frac{5}{9}$km, $1\frac{1}{3}$km씩 달리는 두 자동차가 있습니다. 두 자동차가 각각 ㉮와 ㉯에서 서로 마주 보고 동시에 출발하여 3분 18초 후에 만났다면 ㉮와 ㉯ 사이의 거리는 몇 km입니까? 완자 최고수준 5-1

'거리=속도×시간'의 공식이 있긴 합니다만 이를 몰라도 푸는 것은 문제없습니다. '~당'에 대한 개념만 있으면 되니까 말입니다. 각각의 자동차가 1분당 각각 $1\frac{5}{9}$km, $1\frac{1}{3}$km씩 움직인다는 것만 알면 풀 수 있을 겁니다. ~당에 대한 개념을 이해하고 문제에 적용할 수 있도록 해야 합니다.

: 연립방정식을 이용하기 전에 주어진 조건을 최대한 활용할 것

분수에 관련된 문제를 보면 분자와 분모를 조작하여 풀라는 경우를 많이 접할 수 있습니다. 이런 문제들을 보면 방정식을 사용하고 싶은 생각이 굴뚝같지만 가능하다면 방정식을 사용하지 말고 문제를 푸는 방법을 찾도록 하십시오. 몇몇 예를 봅시다.

분모와 분자의 합이 68, 약분하면 $\frac{8}{9}$이 되는 분수는? 완자 최고수준 5-1

해설서에는 약분하여 $\frac{8}{9}$이 되는 분수를 찾은 후 분모와 분자의 합이 68이 되는 분수를 찾는 방법과 비(比)를 이용하는 방법, 두 가지를 제시해 두었더군요. 저는 비를 이용하는 방법을 추천하고 싶습니다. 이 방법은 약분과 관련된 문제에 광범위하게 이용될 수 있습니다. 풀이는 다음과 같습니다.

약분하기 전의 원 분수=$\frac{8a}{9a}$, 분모 분자의 합이 68이므로 9a+8a=64. a=4. 그러므로 원 분수는 $\frac{32}{36}$.

이 문제에만 적용할 수 있는 다른 방식의 풀이로는 더해서 68이 되는 수 중 두 수가 거의 비슷한 수 두 개를 찾는 방법입니다. 분모가 9, 분자가 8로 거의 비슷하기 때문에 약분하기 전의 두 수도 거의 크기가 비슷할 겁니다. 68을 2로 나누면 34인데 이 수를 중심으로 9의 배수를 찾아보면 36이 있습니다. 분자로는 32가 맞겠군요. 이런 방식으로도 찾을 수 있을 겁니다. 아이들이 나름대로의 방식을 이용해 구한다면 좋은 일이라고 격려해주십시오. 물론 더 좋은 방법을 가르쳐주는 것도 잊지 마세요.

분모와 분자의 합이 84인 어떤 분수가 있습니다. 이 분수의 분자에 3을 더하고 분모에서 3을 뺀 다음 약분하였더니 $\frac{2}{5}$가 되었습니다. 처음 분수를 구하시오. 완자 최고수준 5-1

이 문제를 보면 부모님들은 아마 이런 식으로 풀고 싶은 생각이 드실 겁니다.

$$\frac{y+3}{x-3}=\frac{2}{5}, \; x+y=84.$$

그 다음은 아시죠. 이원일차연립방정식을 푸는 겁니다. 눈치 채셨겠지만 이런 방식은 권하고 싶지 않습니다. 아직 이원일차연립방정식의 '이'자도 나오지 않았거든요. 여기에 맞는 방식으로 푸는 것이 좋습니다. 이 문제는 위의 문제를 확장시킨 것으로 보는 것이 좋겠습니다. 약분하기 전에는 $\frac{2a}{5a}$ 형태였을 것이고 분모와 분자를 더하면 84이니 (분모에서 3을 빼고 분자에서 3을 더하더라도 분모와 분자를 더하면 84입니다) $5a+2a=84$, $a=12$. 즉, 약분하기 전의 분수는 $\frac{24}{60}$입니다. 그러므로 답은 $\frac{21}{63}$이 되겠군요.

$\dfrac{\text{나}}{\text{가}+1}=\dfrac{1}{2}$, $\dfrac{\text{나}}{\text{가}+4}=\dfrac{1}{3}$ 에서 $\dfrac{\text{나}}{\text{가}}$ 를 구하시오. 완자 최고수준 5-1

이원일차연립방정식을 권장하지 않는다고 했지만 그렇다고 해설서에서 제시한 방법으로 풀고 싶은 생각은 없습니다. 해설서에서는 표로 풀 것을 제안했습니다. 이런 식이죠.

$\dfrac{나}{가+1}$	$\dfrac{1}{2}$	$\dfrac{2}{4}$	$\dfrac{3}{6}$
$\dfrac{나}{가+4}$	$\dfrac{1}{3}$	$\dfrac{2}{6}$	$\dfrac{3}{9}$
분모의 차	분모의 차	2	3

어쩔 수 없이 연립방정식을 쓰긴 써야 하겠군요. X자형 계산을 쓰면 아래처럼 쓸 수 있죠.

$$3 \times 나 = 가 + 4$$
$$2 \times 나 = 가 + 1$$

여기서 부모님들은 늘 했던 대로 위 식에서 아래 식을 빼시겠지만 그렇게는 풀지 마십시오. 왜 위 식에서 아래 식을 빼야 하는지 아이들은 금방 이해하지 못하기 때문입니다. 그보다는 차라리 이렇게 푸십시오.

$$나 + 나 + 나 = 가 + 4$$
$$나 + 나 = 가 + 1$$

그러므로 가+1+나=가+4=가+1+3. 나=3 이렇게 말입니다. 다짜고짜 위 식에서 아래 식을 빼는 이유를 설명하지 않아도 됩니다.

∶ 어림하기

해설서에는 분모 7의 배수의 약수 중 더해서 분자가 나오는 값을 찾는 방식을 제시했더군요. 즉 $\dfrac{8}{14}$에서 분모 14의 약수인 1, 2, 7, 14 중 더해서 8이 되는 것은 1과 7이므로 $\dfrac{8}{14}=\dfrac{1}{14}+\dfrac{7}{14}=\dfrac{1}{14}+\dfrac{1}{2}$로 풀 수 있다는 것이죠. 달리 딱히 풀 수 있는 방법은 생각나지 않지만 이걸 수직선으로 풀면 어떨까 싶습니다. 아래 그림처럼 말입니다.

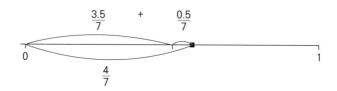

이것을 아이에게 설명할 땐 $\dfrac{4}{7}$가 $\dfrac{1}{2}$보다 조금 크니까 $\dfrac{1}{2}$에 조금만 더하면 되겠다고 얘기하고 얼마를 더하면 되는지 찾으라는 식으로 얘기하면 됩니다. 아이들은 그 값($\dfrac{1}{14}$)을 금방 찾을 것입니다. 결국 $\dfrac{4}{7}=\dfrac{1}{2}$ $+\dfrac{1}{14}$을 구할 것입니다. 제가 군이 이 방법을 얘기하는 이유는 분수에서도 수직선을 이용한 '어림(estimation)'이 통한다는 것을 말씀드리고 싶어서였습니다. 여기쯤 수직선이 나올 것 같은데 왜 안 나올까? 생각하고 계신 분들의 기대를 저버릴 수 없기 때문이기도 하구요.

tip **분수를 좀 더 잘 하려면**

···▶ 분수에 대한 감각을 키워주세요. 피자를 예로 드는 것도 좋습니다만 수
   직선 위의 위치를 보여주세요.

···▶ ~의 몇 분의 1과 같은 표현에 익숙해지도록 하세요.

···▶ 모든 문제를 그림으로 풀어주세요.

5

소수

나누는 수가 커질수록 크기가 작아지는 분수에 비해 소수는 십진수의 체계를 그대로 따르기 때문에 그리 혼란스럽지는 않습니다. 소수점이 붙어 있다는 것 외에는 자연수와 별 차이가 없어서인지 문제들도 앞선 내용들과 비슷합니다. 이러한 특성을 유념하고 아이와 함께 공부해 보세요.

： 십진수 체계

　소수에서 아이들에게 제일 먼저 강조해야 하는 점은 바로 십진수 체계입니다. 자연수에서의 자릿값의 관계가 소수에서도 적용된다는 점을 그림을 통해 알려주십시오.

　막대그림을 이용하기가 번거롭다면 자를 이용하는 것도 추천합니다. 자를 이용한다면 소수의 체계를 눈으로 확인하기가 쉬워 특히 소

수에 대한 수감각을 발달시키는 데 좋겠습니다. 의외로 아이들은 2.53 과 2.496 같은 두 수의 크기를 잘 비교하지 못합니다. 2.53은 숫자가 셋, 2.496은 넷이라 시각적으로 혼란스럽기 때문입니다. 숫자의 개수 와 상관없이 소수의 위치를 정확하게 찍는 연습을 통해 소수의 수 감 각을 키울 수 있습니다. 아이들이 가지고 있는 자는 mm 이상은 나오 지 않습니다. 그러니 직접 그려서 보여주면 더 이해하기 쉽겠습니다. 아래 그림처럼 말입니다.

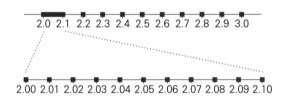

위 그림에서 위쪽 수직선은 centimeter를 10등분 한 것이고 아래쪽 수직선은 millimeter를 10등분 한 것입니다. 아이들에게 centi는 $\frac{1}{100}$, milli는 $\frac{1}{1000}$ 을 의미한다는 것을 알려주는 것이 좋습니다. Km 같은 단 위에서 kilo가 1000을 의미한다는 것을 알려주듯이 말입니다.

다음처럼 네모를 이용해도 좋습니다. 1.34를 그림으로 표현하면 다 음과 같습니다. 눈금 없는 네모 하나는 1, 회색으로 칠해진 30칸은 0.3 네 칸은 0.04입니다.

우리 아이 수학박사 프로젝트

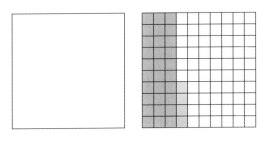

'58.204의 8과 4에서 8은 4의 몇 배입니까?' 같은 문제는 소수의 십진법 체계를 묻는 좋은 문제라 할 수 있죠.

: 소수와 분수의 관계

분수를 소수로 나타내는 것은 약속에 의합니다. '1을 10등분 한 것 중의 하나를 분수로 나타내면 $\frac{1}{10}$ 이고, 소수로 나타내면 0.1입니다' 식이죠. 처음부터 $\frac{1}{10}=0.1$, $\frac{1}{100}=0.01$ 같은 약속을 외워야 하는 것은 유감입니다만 어쩔 수는 없습니다. 기본은 알아야 하니 말입니다. 일정한 규칙을 따르기 때문에 약속을 외우는 일은 그리 어렵지 않지만 그림을 이용하여 소수와 분수의 관계를 자주 보여주는 것이 좋겠습니다.

흔히 막대나 수직선을 이용하여 소수와 분수 사이의 관계를 보여주지만 어느 수학책(『초등 · 중등 수학, 발달 단계에 맞춰 가르치기Elementary and Middle school Mathematics, Teaching developmentally』)을 보니 원을 이용하더군요. 다음 그림처럼 말입니다. 아이들이 원이나 피자를 나누는 방식에 익숙하다는 것이 그 이유였는데 꽤 괜찮은 아이디어 같았습니다.

사실 원을 이용한 그래프 그리기는 6학년에 나옵니다. 그러나 원그래프는 그 단위가 %로만 국한되어 있어 소수를 설명하는 데 이용되지 못하고 있었습니다. 원을 이용하여 소수를 설명하는 데도 사용되었으

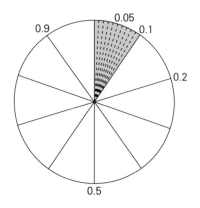

면 더 좋았을 텐데 좀 아쉽더군요.

원을 이용하면 분수와 소수가 어떻게 연결되고 있는지를 시 각적으로 잘 보여줄 수 있습니다. 0.15 같은 수를 나타내는 것도 쉽습니다. 이렇게 말입니다. 이 그림에서 소수와 분수를 같이 사용했 다는 점에 주목해 주시기 바랍니다.

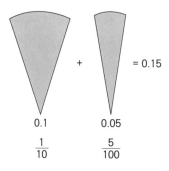

위의 그림은 어떤 소수도 분수로 표현할 수 있음을 알려주는 것이기 도 합니다. $3.756 = 3 + \frac{7}{10} + \frac{5}{100} + \frac{6}{1000}$ 처럼 말입니다. 보통 0.756은 소 수점 아래 셋째자리까지를 따져 분모가 1000인 분수를 쓰도록($\frac{756}{1000}$) 가르치고 있습니다만, 이렇게 각 자리에 따라 분해해서 쓸 수 있다는

우리 아이 수학박사 프로젝트

것을 보여주면 소수도 십진법의 규칙에 따라 움직이는 수임을 더 확실하게 나타낼 수 있을 것입니다. 소수가 어떻게 구성되는지를 알면 다음 문제도 쉽게 풀 수 있습니다.

문

□ 안에 알맞은 숫자를 넣으시오. 완자 최고수준 4-나

26.□89는 10이 2, 1이 □, 0.1이 7, 0.01이 □, 0.001이 9인 수이다.

여기서 조금 더 가르치시겠다면 여러 형태의 분수로 나타내는 방법을 보여주는 것도 좋겠습니다. 아래처럼 말입니다.

$$3.756 = \frac{37}{10} + \frac{5}{100} + \frac{6}{1000}, \ 3.756 = \frac{375}{100} + \frac{6}{1000}, \ 혹은 \ 3.756 = \frac{3756}{1000}$$

소수와 분수 사이의 관계에 초점을 둔 문제들은 쉽게 발견할 수 있습니다. 다음과 같은 문제들이 대표적이라 할 수 있습니다.

문

전체가 1일 때 색칠한 부분을 소수로 나타내시오.

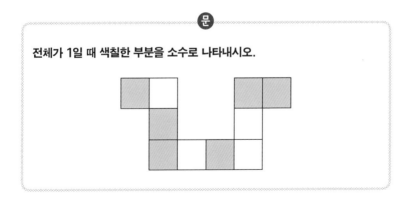

수의 크기를 비교하여 큰 수부터 차례대로 쓰시오.

$0.9, \frac{3}{10}, \frac{8}{10}, 0.7$

희영이는 꽃밭 전체의 0.1에는 장미를 심고, $\frac{5}{10}$에는 국화를 심었습니다. 아무것도 심지 않은 부분은 장미를 심은 부분의 몇 배입니까?

㉮와 ㉯ 중 더 큰 수를 소수로 나타내시오.

㉮ 0.1이 34개인 수 ㉯ $\frac{1}{10}$이 22개인 수

색 테이프를 경희는 8cm 5mm, 소현이는 6.9cm, 재경이는 7cm보다 2mm 짧은 길이만큼을 각각 가지고 있습니다. 세 사람 중 누가 가지고 있는 색 테이프의 길이가 가장 긴지 알아보시오.

별로 어려운 문제는 아닙니다만 이런 문제들을 풀 때 그림 자료를 많이 활용하면 좋겠습니다. 아이들이 소수와 분수의 관계를 충분히 이해할 때까지 그렇게 하는 것이 좋습니다. 제일 마지막 문제처럼 길이 단위를 이용한 문제라면 자를 들고 문제를 푸는 것도 좋은 방법입니다.

아이들이 분수와 소수 사이의 관계를 잘 숙지했다고 판단되면 소수

를 보고 분수를 어림하는 것을 시켜보는 것도 좋겠습니다. 아이들이 어느 정도나 소수와 분수 사이의 관계를 이해하고 있는지 확인해볼 수 있는 방법입니다. 『학생 중심적 수학 교수법 5~8학년용(Teaching student-centered mathematics grade 5-8)』에는 2.41, 2.804, 2.6271, 2.211과 $\frac{11}{5}$, $2\frac{7}{8}$, $2\frac{1}{3}$, $2\frac{5}{8}$ 등을 함께 주고 서로 값이 가까운 것끼리 연결하라는 문제가 나오더군요. 이러한 문제를 해결하면서 아이들은 분수와 소수의 관계를 더욱 잘 이해하게 될 것입니다. 소수의 어림은 자를 이용하여 길이를 맞추는 것으로 대신할 수도 있습니다. "어, 거긴 한 2.7cm 정도 될거야" 이런 식으로 말입니다.

: 소수의 연산: 자릿값 맞추기

소수의 연산은 십진법을 확장시킨 것이므로 어렵지 않습니다. 덧셈과 뺄셈의 경우 소수점을 중심으로 자리를 맞추기만 하면 끝이죠. 나머지는 자연수의 연산에 준해서 하면 됩니다. 시각적으로도 자연수에 최대한 가깝게 만들어주는 것이 처음에는 도움이 될 겁니다. 2.4-2.398은 경우 2.400-2.398 이렇게 써주시라는 겁니다. 풀 때는 소수점을 생각하지 말고 2400-2398을 계산하듯 하고 나중에 소수점만 붙이는 것도 한 방법입니다.

소수의 연산 중 문제가 되는 것은 곱셈과 나눗셈입니다. 늘 그렇듯 자릿값을 맞추는 문제 때문입니다. 소수의 곱셈은 자릿값을 맞출 필요가 없는데 무슨 소리? 하시겠지요. 맞습니다. 소수의 곱셈에서는 당연히 끝만 맞추면 됩니다. 하지만 덧셈, 뺄셈에서 소수점을 중심으로 자릿값을 맞췄던 아이들은 곱셈을 할 때 혼동하기 쉽습니다. 세로식으로 처음 곱셈을 하는 경우 아이들은 아래처럼 쓸 수 있습니다. 소수의 덧셈, 뺄셈의 영향인 셈이죠.

$$34.54 \times 2.3$$

사실 자연수의 세로식 곱셈에서도 아이들은 자릿값을 맞췄다고 생각할 겁니다. 세로식의 곱셈에서 1의 자리끼리 끝을 맞춰 풀었기 때문입니다.

부모님들께서는 소수의 세로식 계산을 어떻게 설명하시나요? 보통은 이렇게 하지 않으세요? "소수의 세로식 곱셈은 소수의 끝자리끼리 맞추고 자연수처럼 곱하여 답을 구한 후 두 소수의 소수점 아래 자릿수를 합한 것만큼 곱의 소수점을 찍으면 된다." 저도 이런 식으로 아이에게 얘기해 주었습니다. 어릴 때 그렇게 배웠고 그 정도로만 배워도 계산에는 문제가 없었으니 말입니다. 하지만 아이가 왜 자릿수를 맞추지 않고 끝자리를 맞춰서 곱하는지, 왜 소수점 아래 자릿수를 합한 것만큼 소수점을 찍는지 물어보았을 때 금방 대답하지 못하고 잠시 고민했던 것이 기억납니다.

교과서에는 소수의 곱셈을 설명하면서 분수로 고쳐서 곱하라고 나와 있습니다. 분수의 곱셈을 다시 환기시키면 소수점의 위치에 대한 고민도 사라집니다. 이렇게 말입니다.

$$0.7 \times 0.5 = \frac{7}{10} \times \frac{5}{10} = \frac{35}{100} = 0.35$$

소수를 분수로 전환하여 계산하는 연습을 꾸준히 시키시길 바랍니다. 아이가 익숙해지면 그땐 "소수점 아래 자릿수를 합한 것만큼 소수

우리 아이 수학박사 프로젝트

점을 찍으면 된다"고 말씀하셔도 됩니다. 아이들이 충분히 이해할 겁니다. 분명 더 좋은 설명이 있을 것 같으니 나름의 방법으로 설명을 해주셨으면 좋겠습니다.

곱셈에서 소수점을 찍는 원칙을 아이들이 이해하고 나면 그 외의 것은 별로 문제가 되지 않습니다. 이미 자연수의 곱셈을 배운 아이들은 소수라고 해서 별다른 어려움을 느끼지는 않을 것이기 때문입니다.

소수는 분수와 같다는 점에서 소수의 나눗셈을 곱셈의 연장으로 볼 수 있습니다. $2.16 \div 4 = \dfrac{216}{100} \times \dfrac{1}{4} = \dfrac{54}{100} = 0.54$ 이렇게 말입니다. 소수의 곱셈을 분수로 고쳐서 계산하는 데 익숙한 아이들에게는 이런 방법도 추천할 만합니다. 그렇지만 세로식의 계산도 소홀히 할 수는 없지요. 세로식의 나눗셈은 딱 하나의 문제점이 있습니다. 소수점 이하에서 한 번에 나눠떨어지지 않는 경우 계속해서 0을 붙여가며 계산한다는 것을 어떻게 설명해야 하나 하는 문제입니다. 예를 들어보겠습니다.

$$
\begin{array}{r}
1.9\,5 \\
4\,\overline{)\,7.8\,0} \\
4 \\
\hline
3\,8 \\
3\,6 \\
\hline
2\,0 \\
2\,0 \\
\hline
0 \\
\end{array}
$$

이 나눗셈에서 마지막으로 2가 남았을 때 부모들은 어렸을 때 배웠던 것을 기억하여 "이 경우에는 2 옆에 0을 덧붙인 뒤 한 번 더 나누는 거다" 이렇게 설명하는 경우가 많습니다. 사실 부모들 자신도 이런 설명을 하면서 왜 0을 더 붙이는지에 대해 잘 모르고 있는 경우도 많을 겁니다. 어렸을 때 그렇게 배웠다는 게 이유겠지요.

저도 처음에는 '2 옆에 0을 덧붙인 뒤 한 번 더 나누는 거'로 아이에게 얘기했습니다만 지금 생각해보면 그렇게 적절한 설명은 아니었던 것 같습니다. 그보다는 "위 세로식의 2는 0.2이고 0.2를 4로 나누는 것이므로 소수 둘째자리인 0.01에서 따지면 0.2는 20이 된다. 그러니 소수 둘째자리까지 나눈다면 20을 붙이는 것이 맞다"라고 설명하는 것이 더 좋았을 것 같습니다. 이렇게 설명할 때 항상 십진수의 법칙을 강조할 필요가 있습니다. 자리마다 10배의 차이가 난다는 점 말입니다. 아이들은 소수와 자연수가 다르지 않다는 것을 느낄 것입니다.

소수의 세로식을 이용한 나눗셈에서 아이들을 괴롭히는 흔한 예는 35.3÷5 같은 경우이지요.

$$
\begin{array}{r}
7.0\,6 \\
5\,\overline{)\,3\,5.3} \\
3\,5 \\
\hline
3\,0 \\
3\,0 \\
\hline
0
\end{array}
$$

떨어지지 않은 나머지인 3에 0을 추가하는 방식으로 계산을 하는 경우 몫에 해당하는 6은 쉽게 쓰지만 7과 6 사이에 0을 쉽게 쓰지 못하고 머뭇거리거나 0을 빼먹고 쓰는 경우를 볼 수 있습니다. 이런 오류는 자연수의 나눗셈에서도 지적했던 사항입니다. 아이에게 그 점을 환기시킬 필요가 있습니다. 아이의 이해를 도우시려면 처음부터 자연수의 형태로 계산을 한 후 나중에 소수점을 찍어도 좋겠습니다.

```
        7 0 6                          7.0 6
   5 ) 3 5 3 0                    5 ) 3 5.3
       3 5                            3 5
       ─────                          ─────
           3 0                            3 0
           3 0                            3 0
           ─────                          ─────
               0                              0
```

: **%의 의미**

소수와 관련하여 특별한 위치를 차지하고 있는 기호가 있지요. 바로
%입니다. %는 소수 둘째 자리를 중심으로 읽은 것을 나타낸 것
이죠. 0.03은 3%, 0.756은 75.6%, 0.0456은 4.56%입니다. %의 정의는
'기준량을 100으로 할 때 비교하는 양의 비율'이라고 할 수 있지만 이
렇게만 정의하면 분모가 100인 분수를 만들어야만 답을 낸다고 생각
하기 때문에 다소 어렵게 느껴집니다. 분수도 배우고 소수도 배웠으
니 %를 소수 둘째 자리를 중심으로 읽은 것이라 얘기해도 될 듯합니
다. $\frac{1}{4}=\frac{1\times25}{4\times25}=\frac{25}{100}=25\%$ 이렇게 해서 25%라고 아는 것도 중요하지
만 1÷4=0.25에서 25%라고 답을 낼 수 있게 하라는 뜻입니다. 그리고
%에 대해 얘기할 땐 항상 실생활과 관련시키는 것이 좋겠습니다.
백화점이나 마트에서 흔히 볼 수 있는 20% 세일과 같은 광고는 아이
들의 % 개념을 향상시키는 데 도움이 될 것입니다. 실제로 문제집에
도 상품의 값과 할인율을 중심으로 하는 문제가 많이 나옵니다.

문제집에 나오는 소수와 관련된 문제들을 보니 자연수의 연산에서
이미 다뤘던 내용들이더군요. 여기서는 더 이상 문제를 제시하지 않겠
습니다.

tip 소수를 좀 더 잘 하려면

⋯▸ %는 분모를 100으로 고치지 않더라도 구할 수 있다는 것을 알려주세요.

⋯▸ 분수를 소수로, 소수를 분수로 고치는 법을 잘 익혀야 합니다.

⋯▸ 분수를 소수로 바꿔서 혹은 소수를 분수로 바꿔서 계산하도록 하세요.

우리 아이 수학박사 프로젝트

6

비와 비율

뭘 얘기하면 좋을까라는 생각을 가장 많이 한 부분이 바로 비와 비율입니다. 비와 비율은 할, 푼, 리 그리고 내항과 외항의 곱이 같다 정도만 알면 되는 부분으로 생각해왔기 때문입니다. 사실 아이들의 문제집을 보아도 제가 생각하고 있는 것 이상으로 다루지 않았더군요. 그래도 그냥 넘어가기는 섭섭해서 미국에서 나온 수학책을 들여다보았다가 꽤 충격을 받았습니다. 내가 너무 쉽게 생각하고 있었고 이 부분에서도 아이들이 배워야 할 것들이 참 많구나 하는 것을 느꼈기 때문입니다.

『초등·중등 수학, 발달 단계에 맞춰 가르치기』에는 "밀러 중학교에 16명의 6학년 학생이 있는데 그들 중 12명은 농구를 좋아하고 나머지는 그렇지 않다. 농구를 좋아하는 학생과 좋아하지 않는 학생 사이의 가능한 관계를 최대한 많이 제시하라"라는 문제가 있습니다. 이 문제를 접하는 순간 '아하, 미국 교육의 강점이 바로 여기에 있구나!' 라고 느꼈습니다.

이 문제에 대한 답들을 보면 1) 농구를 좋아하는 학생이 좋아하지 않는 학생에 비해 8명이 더 많다. 2) 농구를 좋아하는 학생의 수는 좋아하지 않는 학생 수의 3배다. 3) 농구를 좋아하는 학생 3명에 대해 좋아하지 않는 학생이 1명 있는 셈이다 등입니다.

별것도 아닌 것을 가지고 호들갑을 떤다 싶겠지만 아이들이 어떠한 현상을 스스로 기술하면서 그 중에 교사가 원하는 답을 끄집어낼 수 있다는 것은 참 대단한 일입니다. "농구를 좋아하는 사람이 12명, 좋아하지 않는 사람이 4명이면 그 비를 12:4, 좀 더 간단하게는 3:1로 쓸 수 있어." 이렇게 가르치고 끝내는 것보다 얼마나 좋습니까?

『5학년 초등 완자』의 비와 비율 부분은 두 수의 크기 비교로 시작합니다. "두 수 3과 4를 비교하기 위하여 비로 나타냅니다. 3의 크기를 비교하기 위하여 3:4라 쓰고 3대 4라 읽습니다. 3:4는 4를 기준으로 3을 비교한 것입니다" 어디 하나 빠질 데 없는 설명입니다만 위에서 언급한 미국 수학책과 비교되는 것은 어쩔 수 없습니다. 비율은 내항과 외항의 곱이 같다는 정도로만 알고 계신 여러 학부모 여러분, 자 다시 크게 눈을 뜨고 아이들과 비에 관해 얘기해보시죠.

: 비는 왜, 언제 사용되는가?

비는 생활 속 어디서나 발견할 수 있습니다. 야구의 타율, 게임의 스코어, 마트의 가격 표시가 그렇습니다. 이런 비들을 이용하면 비교하기가 쉽습니다. 대부분의 비와 비율은 이런 목적으로 쓰이는 경우가 많죠. 어떤 타자를 얘기할 때 스윙이 아름답다거나 힘이 좋다거나 유연하다거나 하는 표현보다는 타율이 얼마라고 얘기하는 것이 더 쉽게 그 타자를 설명할 수 있다는 것을 생각하면 알 수 있을 것입니다.

문제집에서도 생활 속 비와 비율을 강조하여 물건의 할인율이나 어느 가게가 더 싸게 주는지 등을 묻는 문제를 쉽게 발견할 수 있습니다만 할인율 외에 '비교'의 목적으로 비와 비율이 쓰인다는 것을 좀 더 강조할 필요가 있습니다. 예를 들면 이런 경우입니다.

> 두 팀이 있는데 한 팀은 여자가 둘, 남자가 셋입니다. 또 다른 팀은 여자가 둘, 남자가 둘입니다. 어느 팀에 여자가 더 많을까요? 『초등 · 중등 수학, 발달 단계에 맞춰 가르치기』에서)

이 문제는 비와 비율에 대한 개념을 묻고 있습니다만 아이들의 대답이 꼭 우리의 예상에 들어맞지는 않습니다. 여자의 수가 두 팀 모두 같기 때문에 '같다'라고 대답할 수도 있죠. 꼭 틀렸다고는 할 수 없지만 만약 이런 대답을 한다면 아이가 '상대적'이라는 것에 대한 개념이 없다는 것을 알 수 있겠습니다. 비교라는 측면에서 이 문제를 어떻게 봐야 하는지 아이들과 얘기해보는 것이 좋겠습니다. 이번에는 이 문제를 한번 보세요.

> 오렌지 주스를 만들기 위해 두 개의 큰 그릇 중 한쪽에는 두 컵의 물과 두 컵의 오렌지 주스 원액을, 또 다른 그릇에는 네 컵의 물과 세 컵의 오렌지 주스 원액

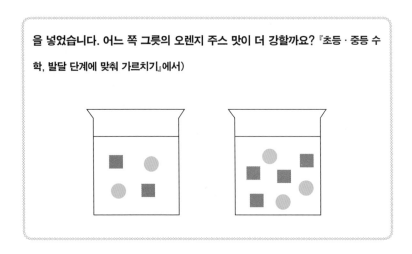

을 넣었습니다. 어느 쪽 그릇의 오렌지 주스 맛이 더 강할까요? 『초등·중등 수학, 발달 단계에 맞춰 가르치기』에서)

우리집 아이에게 물었더니 첫 번째 그릇이라고 하더군요. "왜?"라고 물었더니 "첫 번째 그릇과 달리 두 번째 그릇에는 물이 오렌지 원액보다 하나 더 많아" 그러더군요. "$\frac{3}{7}$보다 $\frac{2}{4}$가 더 크니까" 정도의 대답을 기대하고 있었는데 그 기대와는 일치하지 않았지만 어쨌든 정답이었습니다. 제가 생각하지 못한 각도에서 나온 대답이어서 매우 신선했습니다.

상대적인 수의 비교에 익숙한 어른들에게는 위의 두 문제가 별로 어렵지 않겠지만 비와 비율을 처음 시작하는 아이들은 다양한 대답을 내놓을 수 있을 것입니다. 아이들은 이런 과정을 통해 비와 비율에 대해 배울 것입니다. 아이들이 다양한 사고를 할 수 있도록 도와줄 필요가 있습니다.

하지만 유감스럽게도 초등 문제집에서는 아이들의 다양한 사고를 유도하는 문제들을 쉽게 발견할 수 없습니다. '철수네 모둠은 남학생이 7명, 여학생이 3명입니다. 여학생 수의 남학생 수에 대한 비를 구하시오' 혹은 '은희와 동생은 피자를 먹었습니다. 은희는 전체의 $\frac{1}{3}$ 을 먹고 동생은 전체의 $\frac{2}{7}$ 를 먹었습니다. 은희와 동생이 먹은 피자의 비를 가장 작은 자연수의 비로 나타내시오' 같은 문제들이 대부분입니다. 상대적으로 '어느 쪽이 더 크냐?'를 묻는 문제 자체를 찾기 어렵습니다. 물론 이미 소수를 배웠으니 소수의 크기를 굳이 다시 물을 필요가 없다는 생각이 깔려 있긴 합니다만 위에서 제시한 오렌지 주스 문제처럼 아이들의 비판적 사고를 키울 수 있는 재미있는 문제가 더 많이 소개되어야 한다고 믿습니다.

: 수학적 표현

비율을 얘기할 때는 정확한 표현이 필수입니다. 아이들이 가장 취약한 부분이지요. 문제집에는 비율을 '비율= $\frac{\text{비교하는 양}}{\text{기준량}}$ '이라고 표현하고 그 정의를 "기준량에 대한 비교하는 양의 크기"라고 적어두었더군요. 이 표현을 쉽게 이해할 수 있는 아이들이 얼마나 많을까 저는 무척 궁금합니다. 5에 대한 2의 비를 2:5로 쓰고 위 식에 맞추어 비율을 $\frac{2}{5}$ =0.4라고 말할 때 아이들이 얼마나 이해하는지 꼭 확인하시길 바랍니다. 다음과 같은 문제들은 기초적이지만 아이들이 얼마나 이해하는지를 확인하기에는 매우 좋습니다.

비교하는 양을 나타내는 수가 다른 비를 찾아 기호를 쓰시오. 완자 최고수준 5-2

㉠ 3에 대한 7의 비

㉡ 7의 5에 대한 비

㉢ 6과 7의 비

영호네 모둠은 남학생이 5명이고 여학생이 2명입니다. 여학생 수의 남학생 수에 대한 비를 구하시오. 완자 최고수준 5-2

어느 투수가 오늘 경기에서 던진 공은 80개이고 그 중에서 볼이 28개였습니다. 던진 공의 수에 대한 볼의 수의 비율을 소수로 나타내시오. 완자 최고수준 5-2

: 시각적으로 표현하기

비와 비율에 대한 개념을 강화하려면 시각적 요소도 고려해야 합니다. 여기에는 도형을 이용하거나 모눈종이를 이용하는 방법, 혹은 모눈종이 위에 도형을 그리는 방법을 권하고 싶습니다. 아래 그림처럼 말입니다.

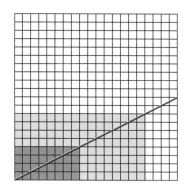

이 그림에는 여러 가지 내용이 포함되어 있습니다. 가로와 세로의

우리 아이 수학박사 프로젝트

비가 일정한 사각형은 서로 닮은꼴이라는 사실, 닮은꼴인 사각형의 대각선을 잇는 직선의 기울기가 같다는 사실, 한 변의 길이가 두 배 증가하면 넓이는 네 배 증가한다는 사실 등이 그것입니다. 모눈종이 위에 그리기만 해도 이런 사실을 직관적으로 설명할 수 있습니다. 시각적인 자료를 통해 비와 비율에 대한 개념을 강화시키는 것은 중요합니다. 모눈종이를 이용하면 비의 다른 표현도 쉽게 설명할 수 있습니다. 다음 그림처럼 말입니다.

다음 그림은 굵은 선의 길이의 비 3:2가 가는 선 15:10과 동일한 것임을 시각적으로 보여줍니다 (3:2=15:10). 3:2=3×5:2×5=15:10 이렇게 가르칠 필요가 없다는 뜻은 아닙니다만 이렇게 시각적으로 표현할 수 있음을 아이들이 알고 가는 것도 좋겠습니다.

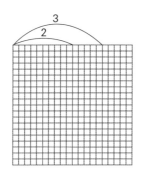

: 비와 비율의 연산

비와 비율에 관한 연산은 '내항의 곱은 외항의 곱과 같다'라는 것만 알면 대부분 다 풀 수 있습니다. A:B=C:D에서 AD=BC로 나타낸다는 뜻이지요. 이 방식은 편리하긴 합니다만 항상 문제를 획일화된 방식으로만 풀게 된다는 단점이 있습니다. 가령 '소고기가 네 근에 56000원이라고 할 때 여섯 근은 얼마인가?' 같은 문제인 경우 대부분 아이들은 56000:4=□:6으로 놓고 4×□=6×56000 이렇게 풉니다. 이렇게 푸는 것이 틀렸다는 것은 아니지만 '한 근에 14000원이니까 여섯 근이면 84000원' 이렇게 풀 수도 있는데 다른 방식으로 풀 시도를 처음부터 봉쇄하는 것은 문제입니다.

항상 같은 방식으로 식을 쓰는 것도 마찬가지입니다. 아이들은 위와 같은 문제를 풀 때 56000:4 =□:6으로만 쓰는 경향이 있습니다만 이것을 4:6=56000:□로도 쓸 수 있다는 것도 지적할 필요가 있습니다. '3개에 240원 하는 구슬이 있습니다. 10개는 얼마인가요?'와 '4개에 375원 하는 연필이 있습니다. 연필 12개들이 한 박스는 얼마인가요?' 하는 문제도 생각해 보십시오. 굳이 외항과 내항의 곱이 같다는 방식을 동원할 필요가 없습니다. 문제에 따라 여러 가지 방식으로 풀 수 있어야 하니 꼭 한 가지 방식을 고집할 이유가 없습니다.

마지막으로 강조하고 싶은 것은 생활 속에서 비와 비율을 따져보라는 것입니다. 문제집에서도 실생활과 관계된 문제를 쉽게 볼 수 있습니다. '어떤 물건 한 개의 값이 2500원인데 하나를 팔 때마다 이익률이 12%라면 이런 물건 5개를 팔면 얼마가 이익인가?' 하는 문제나 '밀가루와 설탕을 5:1의 비로 섞어서 케이크를 만들려고 합니다. 밀가루를 390g 넣으면 설탕은 몇 g 넣어야 하는지 구하시오' 같은 문제 등이 바로 생활 속에서의 비와 비율을 강조하는 것이지요. 백화점을 가거나 음식을 만드는 일은 일상에서 흔히 경험하는 일들입니다. 아이들과 함께 이런 활동을 통해 비와 비율을 익혀보는 것도 즐거운 일이 될 것입니다.

비와 비율에 관한 문제는 대부분 분수, 소수 등을 다룰 때 이미 다 나왔던 것이므로 여기서는 문제집 들여다보기를 하지 않겠습니다.

tip 비와 비율을 좀 더 잘 하려면

⋯› 내항과 외항의 곱과 같은, 틀에 박힌 공식에 얽매이지 않도록 도와주세요.

⋯› 20% 세일, 은행이자 4%처럼 생활 속의 비율, % 문제를 확인하세요.

7

측정하기

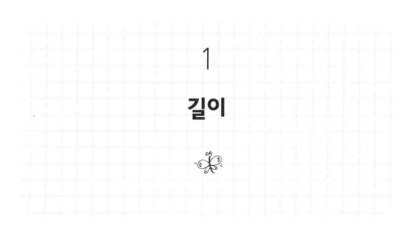

1

길이

： 단위길이

초등학교 수학에서 '측정'은 2학년 1학기 '길이 재기' 단원에서 시작합니다. 단순히 자를 이용하여 물건의 길이를 측정하거나 길이의 단위에 대해 알아보는 단원이라고 생각했던 저는 '클립과 연필을 단위길이로 하여 필통의 길이를 재려고 합니다. 더 많이 재어야 하는 것에 ○표 하시오' 혹은 '교실의 긴 쪽 길이를 재는 데 가장 적당한 단위길이는 어느 것입니까?' 하는 문제들을 보면서 참 신선하다는 느낌을 받았습니다. 이런 문제들은 잰다는 것의 본질적 의미를 아이들에게 일러주고 있었기 때문입니다.

교실의 긴 쪽의 길이를 재는 데 가장 적당한 단위길이는 어느 것입니까?

① 걸음 ② 뼘 ③ 자 ④ 연필 ⑤ 책

> **주어진 선분을 다음 두 단위길이로 측정하려 합니다. 단위길이로 재어 나타난 수가 더 큰 것은 어느 것입니까?**
>
> ─────────────────────────
>
> ▭▭▭▭
> ▭▭

단위길이의 '단위'는 상당히 고급 개념입니다. 대학 수학이나 물리학 책에서 어떠한 개념을 설명할 때 이 '단위(unit)'를 이용하는 것을 쉽게 볼 수 있으니 말입니다. 초등학교 수학에서는 이 정도의 수준으로 단위라는 개념을 사용하지는 않습니다만 본질적으로 다르지 않습니다. 우리가 익히 알고 있는 자 대신 다른 기준을 사용하여 물건의 길이를 측정할 수 있게 되면 자가 없는 상황에도 쉽게 대처할 수 있습니다. 손바닥 뼘이나 팔 길이를 이용하여 물건의 길이를 측정하는 것이 바로 그런 예라고 할 수 있습니다. 아이들은 부모가 이런 방식으로 물건의 길이를 재는 것을 보면서 수학이 멀리 있지 않다는 것을 은연중에 배울 것입니다.

: 자를 이용한 실측

단위 길이로 물건 길이 재기가 끝나면 자를 이용한 측정이 나옵니다. 자를 이용한 측정은 생각만큼 쉽지 않습니다. 자만 대면 길이가 나오는데 뭐가 어렵냐고 생각하실 분들도 계시겠지만 처음 자를 접하는 아이들의 반응을 보면 제 말이 실감나실 겁니다.

아이들은 대부분 재고자 하는 물건의 끝을 0에 맞추려고 노력합니다. 그러나 이런 시도가 항상 성공하는 것은 아니죠. 물건의 모양에 따라 어떤 것은 0에 정확히 맞추기가 어렵습니다. 그럴 때 아이들이 어떻게 반응하는지 한번 지켜보십시오. 허둥대는 아이들에게 0을 꼭 맞추지 않아도 된다는 얘기를 금방 해주지 마시고 스스로 해결할 수 있도록 도와만 주십시오. 아이들이 이 과정을 통해 자를 이용하여 물건의 길이를 측정하는 것은 물건이 놓인 눈금을 읽는 행위가 아니라 물건이 놓인 두 눈금의 차를 알아내는 것이란 사실을 깨닫도록 하는 것이 중요합니다.

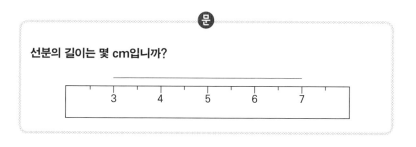

선분의 길이는 몇 cm입니까?

자의 사용이 익숙해지면 눈금을 어떻게 읽을지를 가르치시겠죠. 여기서 가르쳐야 할 내용은 크게 두 가지입니다. 하나는 cm의 의미이고 또 하나는 잰 길이를 어떻게 읽을 것인가 하는 문제입니다. 아이들이 가지고 있는 자는 보통 15cm 정도 됩니다. 이 자로 작은 물체의 길이를 재고 그 값을 읽을 때 부모님들께선 '이건 5cm야' 정도로 가르쳐 주시죠. 이왕이면 1m짜리 줄자를 이용해서 cm의 의미에 대해 말씀하시면 좋겠습니다.

kilo가 1000, centi가 $\frac{1}{100}$, milli가 $\frac{1}{1000}$을 나타낸다는 것은 아이들

이 더 큰 단위를 배울 때 혹은 소수나 분수를 배울 때 가르쳐도 상관없지만 cm가 1m를 100등분 한 것 중 한 눈금을 나타낸다는 것 정도는 일찍 가르쳐도 좋겠습니다. 아이들 문제집을 보면 정확하게 잴 수 없는 경우 이것을 어떻게 읽을 것인가를 묻는 문제를 쉽게 찾을 수 있습니다. 이런 문제는 나중에 올림, 내림, 반올림 등과도 관계가 있는 문제이죠. 처음 자로 재면서까지 올림, 내림, 반올림 등을 설명할 필요는 없지만 키가 123.5cm인 아이의 키를 120 정도, 혹은 130보다 아래, 125 정도 122 정도 123 정도, 123.5 cm 등 여러 가지 방식으로 읽을 수 있음을 알려주는 것은 나중에 이런 개념을 설명할 때 도움이 됩니다.

: 어림

측정과 관련하여 빼놓을 수 없는 것으로 '어림하기'를 들 수 있습니다. 어림(estimation)은 모든 수학적 사고의 디딤돌에 해당하는 것입니다. 나눗셈에서 몫이 얼마인지 어림하는 것만 중요한 것이 아닙니다. 길이나 부피, 무게의 어림도 그 중요도에 있어서는 빠지지 않습니다.

문제집이나 교과서에서는 그리 비중을 두고 다루지 않지만 측정과 관련된 단원인 만큼 아이들과 여러 가지를 어림해 보십시오. "아빠 키가 얼마니까 동생의 키는 얼마쯤일 거야, 내 동생이 몇 kg이니까 이 양동이 무게는 얼마쯤 될거야." 아이들은 이런 식의 어림을 통해 자신도 모르게 어떤 기준을 정하고 그것과 비교하는 과정을 거치게 됩니다. 자신의 어림이 맞았는지 키를 직접 재거나 무게를 직접 잰다면 측정의 모든 단계를 다 체험하는 셈이 됩니다.

이 과정은 두 가지 측면에서 중요합니다. 하나는 실제 값에 대한 감각을 키울 수 있다는 점이고 다른 하나는 이러한 과정을 통해 수학적 사고력을 키울 수 있다는 점입니다. 예전엔 '뉴욕시의 피아노 조율사는 몇 명쯤 될까?' 하는 식의 문제가 인기를 끌었습니다. 이 문제는 정확한 답보다는 학생들이 어떤 식으로 답을 구하는지 그 과정을 보는 것이 목적이었습니다. 이 문제에도 '어림'은 필수 과정이지요. 이렇게 어려운 문제가 아니더라도 아이들 문제집에서는 '그림과 같은 색연필 2개의 길이는 약 몇 cm입니까?' 같은 문제를 쉽게 찾아볼 수 있습니다 (이 문제는 자를 사용해서 풀라는 문제는 아닙니다). 자, 아이들과 함께 눈대중으로 길이 맞추기 게임을 해보십시오. 책상머리에 앉아서 수학책을 펴놓는 것보다는 훨씬 재미있습니다.

2

면적

: 면적의 의미

초등학교 시절 면적을 처음 공부했을 때 '직사각형의 넓이는 가로×세로'라는 말을 도무지 이해할 수 없었습니다. 방학 때 혼자서 소위 선행학습이란 걸 하다 경험한 일이었습니다. 전과에는 분명 직사각형을 채우고 있는 조그만 정사각형이 있었습니다만 저는 그 의미를 이해하지 못했습니다. 그래서 그땐 그저 넓이란 '가로×세로'로만 알고 있었습니다. 새 학기가 되어도 넓이를 어떻게 잰다는 기본적인 개념이 없었습니다. 문제는 잘 풀었죠. 사각형은 가로×세로, 삼각형은 밑변×높이$\times\frac{1}{2}$ 이렇게 공식만 알고 있으면 됐으니까요. 요즘 아이들 역시 저와 같은 경험을 하고 있을지도 모르겠습니다. 아이들에게 직사각형의 넓이란 가로와 세로를 곱하는 것이 아니라 직사각형 안에 단위면적(가로와 세로 모두 1cm 혹은 1m 따위의)을 가진 작은 사각형이 몇 개 있는지 그 개수를 세는 것임을 알려주십시오.

: 단위면적

길이재기에서 단위 길이가 중요하듯 면적에서도 마찬가지입니다. 다 아시다시피 단위면적은 적분에서도 쓰일 만큼 중요한 고급 개념입니다. 단위면적을 이루는 도형의 크기가 작아질수록 면적을 더 세밀하게 잴 수 있음을 알려주는 것도 필요합니다. 문제집이나 교과서에서는 정사각형, 삼각형, 원을 단위면적으로 쓸 때 전체면적을 어떻게 구할지, 어떤 도형이 전체면적을 구하기 쉬운지 등을 물어봅니다. 가장 기본적인 내용이지만 이 내용들을 아이들에게 설명하면서 면적을 구하는 것이 무엇인지에 관해 설명할 필요가 있습니다.

18세기 미국의 발명가이자 정치가, 과학자였던 벤저민 프랭클린은 기름막의 두께를 측정했었습니다. 그가 단순 계산만으로 구한 막의 두께는 오늘날 전자현미경으로 구한 막의 두께와 거의 일치하죠. 그가 쓴 방법은 알고 보면 무척 간단합니다. 부피를 알고 있는 기름을 물 위에 떨어뜨린 후 표면적을 측정하는 방식을 썼죠. '부피=표면적×막의 두께'라는 공식을 이용하면 막의 두께를 계산할 수 있습니다. 아마 벤저민 프랭클린은 표면적을 계산할 때 분명 단위면적을 이용했을 겁니다. 우리 아이들이 만약 면적을 가로×세로나 어떤 공식으로만 외우고 있다면 벤저민 프랭클린과 같은 방식으로 문제를 해결하지 못할 겁니다. 기본을 가르치고 중시하는 것이 수학적 사고를 키우는 첫걸음입니다.

: 면적을 구하는 공식

도형의 면적을 구하는 실제적인 문제로 들어가면 평행사변형, 삼각형, 사다리꼴, 마름모, 원까지 배우게 됩니다. 이런 도형들은 대부분 면적을 구하는 식이 다 알려져 있습니다. 여러분들은 아이들에게 이 식들을 외우라고 하시나요? 식을 외우면 문제는 쉽게 풀 수 있습니다. 중요한 식은 외워두는 것도 좋습니다. 그러나 아이들이 식에만 너무 의존하지 않도록 하는 것도 중요합니다. 그렇게 하려면 식보다는 그 식이 나오게 된 이유에 대해서 아이들이 이해하고 있어야 하지요. 그리고 그 이유를 설명할 때 가장 기본적인 개념을 중심으로 설명하는 것도 잊지 말아야 합니다.

평행사변형에서 출발해 봅시다. 평행사변형의 면적은 직사각형으로 설명합니다. 대부분의 문제집이나 학습서에서는 평행사변형을 직사각형으로 만드는 것을 보여줌으로써 평행사변형의 면적이 밑변×높이라는 사실을 설명하지만 직사각형에서 출발한다 해도 문제는 없습니다. 직사각형을 옆으로 슬쩍 밀면 되니까요.

삼각형도 직사각형에서 출발하여 설명하는 것이 좋습니다만 저는 평행사변형을 더 권하고 싶습니다. 그러니 위의 그림에서 조금 더 나가볼까요? 이런 식으로 말이죠.

굳이 그림을 설명하지 않아도 아시겠지요. 직사각형의 반, 혹은 평행사변형의 반을 자른 것이 삼각형이므로 면적은 직사각형이나 평행사변형의 반이 됩니다. 직사각형만으로도 삼각형의 면적 공식인 밑변×높이×$\frac{1}{2}$이라는 것을 설명하기에 충분한데 왜 굳이 평행사변형을

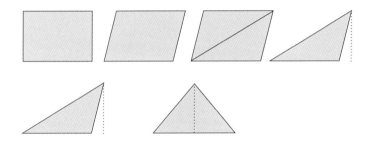

언급해야 하냐고 물으실 수도 있겠습니다. 자녀들과 함께 삼각형의 면적을 구해보세요. 그러면 왜 그래야 하는지 곧 아시게 될 겁니다.

아이들은 기울어진 삼각형에서 어디가 높이인지 금방 찾지 못합니다. 위 두 번째 줄의 두 번째 삼각형처럼 꼭지점에서 밑변을 향해 수선이 내려져 있는 경우 그 수선을 '높이'로 인식하는 것은 잘 하지만 기울어진 삼각형에서의 높이는 어디를 말하는지 잘 찾지 못하고 꼭지점에서 밑변을 향해 수선이 내려져 있지 않은 문제를 만나면 면적을 구하지 못하고 허둥댑니다. 평행사변형을 이용하여 삼각형의 면적을 구하는 방식을 눈에 익혀두면 그런 일을 어느 정도 방지할 수 있을 것입니다.

참, 아이들에게 수선의 의미를 알려주는 것도 좋겠습니다. 꼭지점에서 밑변을 향해 직각으로 내린 선이라고 얘기해 주셔도 됩니다만 기울어진 삼각형과 같은 실제 구조물을 예로 들면서 그 꼭지점에서 실에 돌을 달아 내리면 수선이 된다는 것을 말해주면 더 좋겠습니다.

사다리꼴의 면적을 평행사변형으로부터, 마름모의 면적을 직사각형으로부터 도출한다는 것은 너무나 잘 알려져 있는 것이므로 긴 설명은 하지 않겠습니다. 아래 그림을 보시죠.

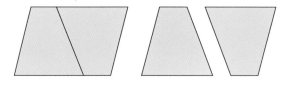

사다리꼴의 면적=평행사변형의 넓이$\times\frac{1}{2}$=(사다리꼴 아랫변+사다리꼴 윗변)$\times$높이$\times\frac{1}{2}$

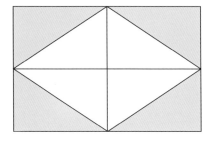

마름모의 넓이=직사각형의 넓이$\times\frac{1}{2}$=마름모의 긴 대각선$\times$마름모의 짧은 대각선$\times\frac{1}{2}$

저는 아이에게 되도록 외우지 말라고 가르칩니다. '수학은 외우는 학문이 아니다'라고 강조하면서 말이죠. 그렇게 말해도 문제를 풀다보면 저절로 외우게 됩니다. 하지만 외우는 것은 한계가 있어서 가끔 식을 생각해내지 못하고 허둥대기도 하더군요. 그럴 때 아이들이 해결하는 방법을 잘 보십시오. 다시 식을 찾아보는지 아니면 식을 보지 않고 답을 구하는지 말입니다. 초등학교에 나오는 문제들은 원을 제외한다면 직사각형 혹은 삼각형의 면적을 구하는 식만 알고 있으면 풀 수 없는 문제가 없습니다. 사다리꼴의 면적을 구하는 식을 기억하

우리 아이 수학박사 프로젝트

지 못해서 풀지 못하고 있으면 사다리꼴 두 개를 붙여서 식을 유도하
도록 하고 마름모꼴의 면적을 구하는 식을 기억 못하면 대각선을 그어
네 개의 직각삼각형을 만들게 하거나 마름모의 꼭지점을 지나는 선을
그어 직사각형을 만들도록 하십시오. 기억나지 않는다고 식을 다시 보
게는 하지 마십시오.

　수식을 외우는 것과 관련하여 원의 면적은 예외라고 생각하는 부모
님들이 있을 겁니다. 원면적은 πr^2 이것 외에 뭐가 또 있겠나? 싶으시
겠지요. 저도 그렇게 생각했습니다. 하지만 아이들 책을 보니 그게 아
니더군요. 책에는 원의 면적이 왜 그렇게 나오는지 설명하고 있었습니
다. 아마 다들 잊어버리셨을 테니 원의 면적만 여기서 간단하게 언급
하겠습니다. 물론 그림으로 말입니다.

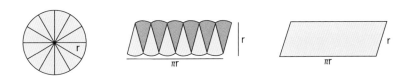

　부연하자면 반지름 r인 원을 12등분한 뒤 모두 잘라서 가운데 그림
처럼 늘어놓으면 평행사변형에 가깝게 됩니다. 이때 한 면의 길이는 π
r이고 평행사변형의 높이는 r이므로 면적은 πr^2이 됩니다. 이걸 아이들
에게 가르쳐야 돼? 이렇게 생각하시면 안 됩니다. 가르쳐야 합니다.

　원을 더 잘게 쪼개면 직사각형에 더 가깝게 된다는 것도 보여
줄 필요가 있습니다. 우리 부모 세대가 배웠던 옛날 산수책을 생각하
면 곤란합니다. 요즘 아이들이 배우는 수학에는 극한의 개념을 일찍
도입하고 있기 때문입니다.

원의 면적을 측정하는 방법으로 원의 내부와 외부에 여러 도형을 배치함으로써 원의 면적을 어림하는 방식까지 제시하고 있는데 정말 좋은 시도라고 생각합니다. 책에서는 맛보기 정도로 제시하고 있지만 이 부분을 강조해서 가르친다면 '극한'의 개념을 조금이라도 맛볼 수 있을 것으로 기대합니다.

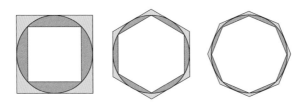

원의 면적이 원 밖에 놓인 도형의 면적보다 작고 안에 놓인 도형의 면적보다 크다는 '범위'의 개념을 설명할 수 있다는 점도 좋습니다. '〈 〈'의 개념을 알려주십시오.

앗, 그러고 보니 원주율에 대한 설명을 빠뜨렸군요. 다 아신다 생각해서 그만. 원주율은 지름에 대한 원주의 길이의 비를 말하는 것이죠. 이 비는 원의 크기와 상관없이 일정합니다. 이 일정한 비를 π로 나타내죠(π=원주/지름). 아이들에겐 이렇게 설명한들 소용없습니다. 차라리 바퀴를 이용해서 설명하는 것이 더 빠릅니다. '지름이 큰 바퀴는 한 번 회전할 때 더 많은 거리를 간다'는 것 정도는 이해할 겁니다. 이 말을 이해할 수 있으면 '지름이 크면 원주의 길이도 같이 길어지는데 이 비율이 일정하다'는 말도 이해할 수 있을 겁니다. 가능하다면 원주와 지름을 직접 측정하고 그 비율이 일정한 것을 체득할 수 있도록 하십시오. 원통과 실이 있으면 직접 측정이 가능합니다.

설명은 이 정도로 하고 면적과 관련된 몇몇 문제들을 살펴보겠습니다.

문

다음 마름모의 넓이를 구하시오. 완자 최고수준 5-1

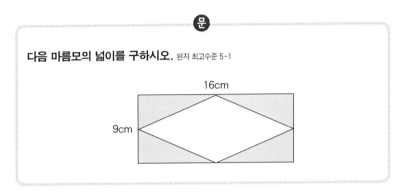

뭘 이런 시시한 문제를? 이렇게 생각하세요? 저는 단지 아이들이 마름모의 면적 식에 넣고 문제를 푸는지 아니면 마름모를 직사각형 면적의 반인지를 이해하고 문제를 푸는지 알아보라는 의미에서 이 문제를 꼽았습니다. 아이들이 과도하게 식에 의존하여 문제를 풀지 않도록 도와주십시오.

둘러싼 직사각형 면적의 반이 마름모의 면적이라는 사실을 이해하고 있다면 '한 변의 길이가 16cm인 정사각형 안 색칠한 마름모의 면적을 구하라'는 문제도 쉽게 풀 수 있습니다. 완자 최고수준 5-1

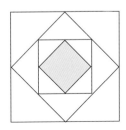

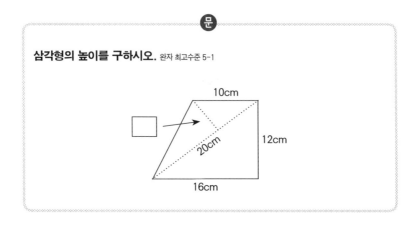

삼각형의 높이를 구하시오. 완자 최고수준 5-1

이 문제도 어렵지 않습니다. 하지만 이 문제에서 관심을 가져야 할 것은 아이들이 하나의 도형을 여러 개로 쪼개어 분석할 수 있는가 하는 점과 삼각형에서 높이가 어디를 말하는 것인지 알고 있는가 하는 문제입니다.

쪼개어 분석할 수 있는 능력을 키우는 데는 아래 그림과 같은 칠교놀이가 도움이 될 것입니다.

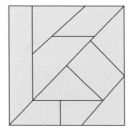

칠교놀이를 하다보면 도형을 여러 형태로 배열하게 되는데 그러한 배열을 통해 같은 면적이라도 배열에 따라 다른 형태를 취할 수 있다

우리 아이 수학박사 프로젝트

는 것(아래 그림을 보세요)을 무의식중에 배우게 되는 것도 소득이라 할
수 있습니다.

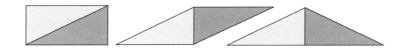

  위의 문제는 사다리꼴의 면적이 두 개의 삼각형 면적의 합임을 이
용하면 쉽게 풀립니다. 사다리꼴 내부 위쪽 삼각형의 면적을 구하려면
사다리꼴의 높이에 해당하는 12cm가 삼각형의 높이라는 것을 알아차
려야 하는데 아이들은 그걸 잘 못하죠. 이 문제는 그 점을 강조한 문제
입니다. 위에서도 언급했지만 아이들은 삼각형의 높이를 잘 찾지 못합
니다. 평행사변형을 이용한 삼각형의 면적 구하기를 통해 아이들에게
삼각형의 높이를 다시금 이해시켜 주십시오.

문

삼각형 A의 면적이 18cm^{2}라 할 때 삼각형 B의 면적을 구하시오. 완자 최고수준 5-1

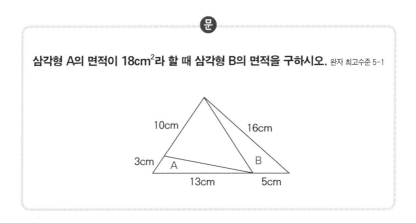

  이 문제는 삼각형의 높이를 묻고 있는 매우 재미있는 문제입니다.

삼각형의 높이에 대한 감각이 없으면 쉽지 않습니다.

이 문제는 두 개의 '높이'를 구하라는 문제입니다. 다음 그림을 보시죠.

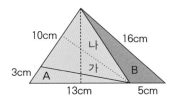

우선 주어진 A의 면적을 이용하여 '가'를 구하고 이 값을 이용하여 A를 품고 있는 큰 삼각형의 면적을 구합니다. 그 후 밑변 13cm를 이용하여 다시 A를 품고 있는 삼각형의 면적을 구하면 '나'를 구할 수 있고 이 값을 이용하면 B의 면적을 구할 수 있습니다. 다소 복잡합니다만 이 문제도 본질적으로는 삼각형의 높이를 묻는 문제라 할 수 있습니다.

삼각형의 '높이'는 활용도가 높습니다. 위에서도 말씀드렸지만 삼각형의 높이는 평행사변형을 바탕으로 얘기하는 것이 좋습니다. 다음과 같은 문제를 보면 제가 그렇게 말씀드린 이유를 아실 수 있을 겁니다.

위 그림에서 평행사변형 acdb의 면적이 250cm²라면 노란색으로 칠한 삼각형 abe의 면적은 얼마인가? 완자 최고수준 5-1

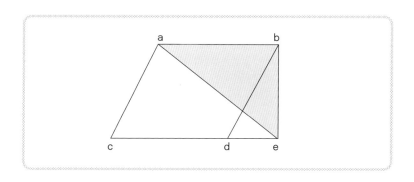

이 문제는 다음 그림처럼 평행사변형과 밑변을 공유하는 삼각형인 경우 평행사변형의 마주보는 변의 연장선 위 어느 점에 삼각형의 꼭지점이 놓인다 해도 면적이 변화하지 않음을 이용하여 풀면 됩니다.

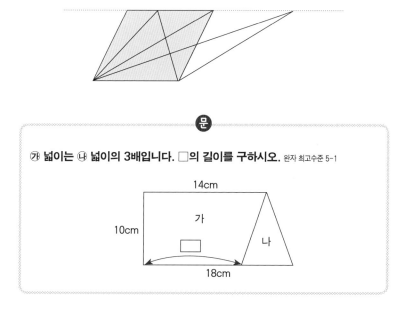

㉮ 넓이는 ㉯ 넓이의 **3배입니다. □의 길이를 구하시오.** 완자 최고수준 5-1

이렇게 쉬운 문제를 왜 예로 드는지 궁금하실 겁니다. 선행학습을 했다는 아이들 중에서 '나' 삼각형 밑변을 x로 놓고 '가' 사다리꼴의 한 변을 $18-x$로 놓은 뒤 문제를 풀지나 않을까 하는 노파심에서 이 문제를 골랐습니다. 큰 사다리꼴의 면적은 160cm²이므로 삼각형 '나'의 면적은 40cm²입니다. 큰 사다리꼴의 높이가 10cm이므로 삼각형의 밑변은 8cm 이렇게 금방 답을 구합니다. 그러나 삼각형 한 변의 길이를 x로 놓고 방정식을 풀기 시작하면 답이야 구하겠지만 번거로운 계산과정을 거쳐야 합니다. 아이들이 어떤 식으로 문제를 푸는지 보십시오. 식에 너무 얽매이지 않도록 도와야 합니다.

3

단위에 대한 정의
그리고 부피

길이와 면적을 얘기했으니 무게나 부피도 말씀드려야겠지만 그보다는 수학책에 소개된 단위들을 얘기하는 것이 더 효과적일 듯합니다. 현 교육 과정은 5학년에서 여러 가지 단위를 소개하고 있습니다. 면적 바로 뒤 단원입니다. 그래서인지 면적 단위인 are(a), hectar(ha), km^2 등을 먼저 다루고 있더군요.

이 단원에서는 각 면적 사이의 관계가 제일 중요합니다. 교과서나 문제집에서도 이 부분에 초점을 맞춥니다. 1m^2, 1a, 1ha, 1km^{2}가 모두 100배씩이죠. 이 단위들 사이의 관계를 외우는 것도 중요합니다만 더 중요한 것은 각 단위에 대한 기본 정의입니다. 모든 단위는 정사각형의 면적이 기본입니다. 한 변의 길이가 1m, 10m, 100m, 1000m로 변해감에 따라 1m^2, 1a, 1ha, 1km^{2}로 늘어나게 됩니다.

저는 아이에게 각 단위의 정의만 외우라고 강조합니다. 정의만 잘 알고 있으면 문제집에 나오는 각 단위 사이의 환산을 쉽게 할 수 있기 때문이죠. 단위의 정의를 외운다고 해서 1a=100m² 이렇게 외우라는 뜻이 아닙니다. '1a는 한 변의 길이가 10m인 정사각형의 면적이다' 이것을 외우라는 뜻입니다. 문장으로 외우게 하지 마십시오. 머릿속에서 그림으로 떠올리게 하십시오. 1a는 뭘 말하지? 그림으로 그려볼래? 이렇게 물어보세요.

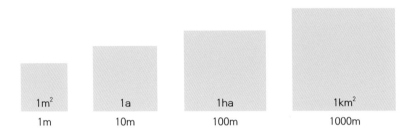

단위의 정의에 대해 알고 있다면 '가로는 800m, 세로는 1km 300m인 공원의 넓이는 몇 ha입니까?' 같은 문제도 쉽게 풀 수 있습니다. 가로와 세로를 곱해서 1040000m²인데 1ha는 가로와 세로 100m인 정사각형의 면적이므로 답은 104ha가 되겠죠(1ha=10000m²이므로). 이런 식으로 풀면 1ha=10000m²를 외우게 하는 것보다 효율은 떨어지지만 면적의 단위에 대해서는 확실한 개념을 가질 수 있을 것입니다. 부피의 단위도 마찬가지입니다. 1L=1000cm³, 1mL=1cm³를 외우는 것보다 1L는 가로, 세로, 높이가 각 10cm 정육면체, 1mL는 각 1cm인 정육면체의 부피를 나타낸다고 기억해야 합니다.

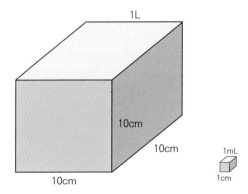

그림을 그리고 그 안에 1mL인 정육면체가 몇 개 들어가는지 확인하고 가는 것도 필요합니다. 집에 있는 약숟가락과 우유팩 등을 이용하여 1L와 1mL가 실제 얼마나 큰 차이가 나는지 체험할 수 있으면 더 좋겠습니다.

4

시간

돌이켜보면 '시계 읽는 법'은 초등 2학년인 제게 정말 어려운 일이었습니다. 어른들이 시계를 보는 것을 옆에서 봤던 터라 읽을 줄은 알았습니다만 어느 시각에서 몇 분을 더 가면 몇 시가 되는지 60진법을 이해하지 못했던 저는 한동안 고생을 했습니다. 요즘처럼 핸드폰을 펼치면 몇 시 몇 분이 정확하게 나오는 세상에 살고 있는 아이들도 어렸을 때의 저와 크게 다르지 않을 듯합니다.

초등수학에서 시계 읽는 법은 시침 읽기에서 시작합니다. 그 다음은 30분 읽기입니다. 2시 30분일 때 시침은 2와 3 사이에 있고 분침은 6에 있는 모습을 익히는 거죠. 2학년이 되어 구구단을 외우기 시작하면 그제야 본격적인 시계 읽기가 시작됩니다. 이러한 접근은 상당히 합리적입니다. 1학년이라도 시계를 못 읽을 리 없겠지만 그런 아이라도 시계를 읽는 원리를 정확하게 파악하고 있을 것이라고 생각하기는 어렵습니다.

: 60진법

아이들에게 시계를 가르칠 때는 먼저 시침과 분침의 관계부터 보여주는 것이 좋습니다. 시계를 들고 분침을 한 바퀴 돌릴 때 시침이 한 칸 움직이는 모습을 보여주세요. 분침을 5분 단위로 돌리면서 5분, 10분, 15분…… 45분, 50분, 55분, 60분 이렇게 이야기해주시고 분침이 60분이 될 때 시침이 한 칸 움직이는 것을 보여주셔야 합니다.

이렇게 분침을 돌리면서 하루 24시간이 흘러가는 모습을 보여주는 것이 좋겠습니다. 이렇게 한다면 굳이 시간은 60진법에 의해 변한다고 말해주지 않아도 될 것입니다. 두 수를 더해서 10이 넘을 때 1의 자리는 0이 되고 10의 자리에 1을 올리는 문제를 예로 들며 그것과 비슷한 원리라는 것을 얘기해주어도 좋습니다. 분침과 시침 사이의 관계를 보여주고 나면 분침과 초침 사이의 관계도 보여주세요. 초침이 얼마나 열심히 움직여야 한 시간이 흘러가는지 아이들도 알아야 하지 않겠습니까?

: 시계를 그려라

시계를 읽는 법을 배우고 나면 쉴 틈도 주지 않고 시간이 얼마나 흘렀나를 묻는 문제가 등장합니다. '9시 30분에 집에서 출발해서 11시 15분에 공원에 도착했다면 걸린 시간은 몇 시간 몇 분입니까?' 같은 문제가 대표적이죠. 혹시 이 문제를 이렇게 풀라고 가르치시나요?

$$
\begin{array}{r}
10\text{시} \quad 60 \\
11\text{시} \quad 15\text{분} \\
-\underline{9\text{시} \quad 30\text{분}} \\
1\text{시간}\ 45\text{분}
\end{array}
$$

이렇게 푼다고 해서 문제가 될 것은 없습니다. 60진법을 강조하기 위해서라면 이렇게 풀어도 좋습니다. 하지만 되도록 시계를 이용하여 풀게 하십시오. 머릿속으로 시계를 상상하면서 바늘을 거꾸로 돌리는 거지요. 이렇게 말입니다.

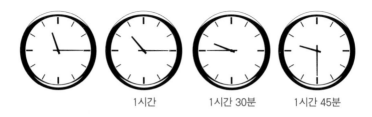

1시간   1시간 30분   1시간 45분

초침까지 나오는 문제는 그렇게 해결할 수 없다고 반론을 제기하는 분도 있을 줄 압니다. 초단위까지 나오면 시계보다는 수식으로 해결하는 것이 훨씬 더 효과적인 것은 사실입니다. 그러나 시계를 이용한 문제 풀이는 시계를 그려보는 데 의미를 두는 것이므로 단순히 문제를 빨리 풀고 느리게 푸는 차원에서 따져서는 안 됩니다. 그리고 시계를 이용한다고 해서 초단위까지 나오는 문제를 해결하지 못하는 것도 아닙니다.

시계를 이용하지 않고도 시간 차이를 구하는 또 다른 방법은 수직선을 이용하는 것입니다. 이 방법도 상당히 효과적이죠. 오전 10시 20분에 출발해서 오후 3시 50분에 도착했을 때 걸린 시간을 계산하라는 문제는 아래 그림처럼 풀면 됩니다.

: 24시간을 기준으로 가르치라

시간의 차이와 관련된 문제를 풀 때 고려해야 할 것은 오전과 오후의 존재입니다. 오후 2시와 오전 10시의 차이를 구할 때 시계를 돌리는 방법을 쓰지 않고 빼는 방식으로 구하려 든다면 2-10이 되어 아이들이 쉽게 이해하기 어렵습니다. 그런 점을 고려한다면 아이에게 오후 시간을 12를 더한 값으로 미리 가르치는 것도 한 방법입니다. 오후 3시는 15시 이렇게 말입니다. 그러면 2시와 10시의 차이는 14시-10시가 되어 계산하기도 쉬울뿐더러 이해하기도 어렵지 않습니다. 오후 시간을 12를 더한 값으로 아이에게 가르치려면 하루 24시간을 기준으로 시간표를 만들어보는 것도 좋겠습니다. 아래 그림처럼 말입니다.

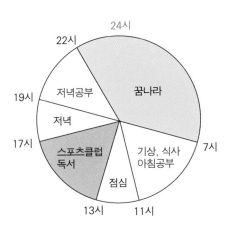

: 느림 vs. 빠름

시간에 대한 용어 중 아이들이 혼동하기 쉬운 용어로는 '느림'과 '빠름'이 있죠. 다음 문제를 한번 볼까요?

왼쪽 시계가 나타내는 시각은 정확한 시각보다 1시간 20분 느립니다. 정확한 시각을 오른쪽 시계에 그려보시오.

이런 유형의 문제는 많이 볼 수 있습니다. '하루에 6분씩 느려지는 시계가 있다. 오후 4시에 정확히 맞춰놓았다면 2주일 후 오후 4시가 되면 이 시계가 나타내는 시각은 몇 시 몇 분인가?' 같은 문제들이죠. 이 글을 읽는 여러분 중에도 순간적으로 어? 하실지 모르겠습니다. 아이들은 먼저 오는 수를 더 빠르다고 생각할 수 있습니다. '앞에 오는 것이 빠른 것이다' 이렇게 생각하기 쉽다는 뜻입니다. 즉, 2시 10분이 2시 30분보다 빠르다고 느낀다는 것입니다. 2시 10분이 30분보다 빨리 오는 것은 사실이지요. 그러므로 시간의 빠름과 느림을 자세히 설명할 필요가 있습니다. 시계 두 개를 놓고 분침을 빨리 돌리면 더 빨리 시침이 돌아가 시간이 더 많이 흐른다는 것을 보여주거나 직선을 그려놓고 더 빨리 뛰는 사람일수록 정해진 시간 안에 더 멀리 간다는 식으로 설명하면 좋습니다.

: 달력을 그려라

시간을 배울 땐 달력도 함께 배웁니다. 달력을 배울 때에도 시계에서 시간의 흐름을 따질 때의 원칙, 즉 시계를 머릿속에서 돌려보기는 그대로 적용됩니다. 달력을 머릿속에서 그려보라는 뜻은 아닙니다. 달력은 머릿속에서 그리기 힘들죠. 실제로 그리고 천천히 따져보라는 뜻입니다. 다음 문제를 봅시다.

올해 2월 달력의 일부분입니다. 작년 크리스마스의 요일을 쓰시오.

일	월	화	수	목	금	토
		1	2	3	4	5

이 문제를 풀 수 있는 방법은 여러 가지겠지만 저는 아이에게 달력을 그려보라고 합니다.

1월의 달력을 그리면 아래와 같고 1월 2일이 일요일이니 거기서 다시 세어 내려가면 12월 25일이 토요일임을 알 수 있습니다. 이처럼 달력을 일일이 그리는 것이 번거로운 일이긴 합니다만 아이가 훨씬 더 이해하기 쉽다는 장점이 있습니다. 이 일을 반복하다보면 스스로 방법을 찾을 것입니다.

일	월	화	수	목	금	토
2						
9						
16						
23						
30	31	1	2	3	4	5

tip 측정을 좀 더 잘 하려면

⋯⋯ 여러 가지 방법으로 어림하고 실제로 측정해보세요.

⋯⋯ 영어 접두어의 의미(kilo가 1000, centi가 10^{-2}를 나타낸다는 것 등)를 알려주세요.

⋯⋯ 단위 길이, 단위 면적, 단위 부피에서 '단위'의 중요성을 알려주세요.

⋯⋯ 기본 관계 외의 공식을 외우게 하지 마세요.

⋯⋯ 면적이나 부피의 단위 자체를 외우게 하지 마세요. 외워야 하는 것은 단위의 정의입니다.

⋯⋯ 삼각형의 면적 구하는 문제에 시간을 투자하세요. 기본 중의 기본입니다.

⋯⋯ 시계를 머릿속으로 그린 후 시침이나 분침을 돌려가며 문제를 풀도록 하세요. 수직선을 이용하는 것도 좋습니다. 직접 빼거나 더하는 것보다 더 좋습니다.

⋯⋯ 달력 문제? 당연히 그려서 풀어야지요.

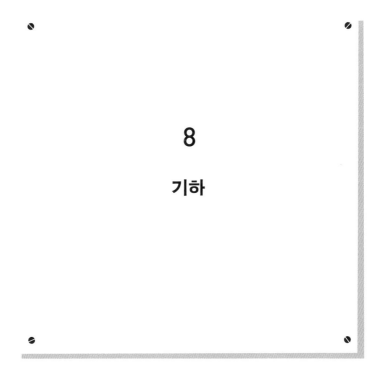

8

기하

1

여러 가지 모양

　기하라는 개념은, 상당히 어려운 편인데 초등 1학년 1학기부터 슬며시 등장합니다. 물론 '기하'라는 이름을 달지는 않았습니다. '여러 가지 모양'이라는 제목으로 아이들에게 첫선을 보입니다. 이 단원을 보았을 때 아이나 저나 이구동성으로 '이건 뭐지?' 그랬습니다. 아마도 저와 같은 반응을 보이는 부모님들도 많으시겠지요.

　문제집을 보면 '왜 이런 단원이 있는 걸까?' 하는 생각이 들기도 합니다. 한 문제를 예로 들어보겠습니다.

보기: 농구공, 딱풀, 책, 통조림, 야구공, 주사위, 두루마리 화장지, 음료수 캔, 과자 상자.

문제 : 상자 모양, 둥근기둥 모양, 공 모양의 물건은 각각 몇 개입니까?

저는 이 문제를 보면서 도대체 이 문제의 목적은 무엇일까? 하는 의문이 생겼습니다. 아이들이 이 정도도 구별 못할까 싶었기 때문이었죠. 이런 유형의 문제를 풀지 못하는 아이들이 있을까요? 정상적인 아이라면 말이죠.

저의 의문은 위에서도 언급한 『초등·중등 수학, 발달 단계에 맞춰 가르치기』라는 책에 제시된 공감각적인 사고를 키우는 다섯 가지 단계를 읽고서야 다소 풀렸습니다. 그 다섯 단계는 다음과 같습니다.

0 단계: Visualization(시각화)

1 단계: Analysis(분석)

2 단계: Informal Deduction(약식 추론)

3 단계: Deduction(추론)

4 단계: Rigor(공고화)

각 단계에서 아이들이 성취해야 하는 목표라면

0 단계: 모양이 비슷한 도형끼리 묶고 분류하기

1 단계: 도형이 가지고 있는 성질 파악하기

2 단계: 도형이 가진 성질을 이용한 추론(초등 수준)

3 단계: 정리나 정의 등을 이용한 추론 및 분석(초중고교 수준)

4 단계: 추론적 공리계의 완성(대학 수준)

초등 1학년 1학기의 '여러 가지 모양'은 이 이론에 따르면 0단계인 시각화를 위한 단원이라고 할 수 있을 겁니다. 여러 가지 모양의 물체를 주어진 명칭에 따라 분류하는 문제는 0단계나 1단계의 성격에 맞는 문제이지요. 하지만 아쉬운 점이 있습니다. 제가 참고한 『초등 · 중등 수학, 발달 단계에 맞춰 가르치기』에는 도형의 분류는 선생이 아니라 학생이 주도적으로 하라고 나와 있더군요. 위의 문제처럼 상자 모양, 둥근 기둥 모양, 공 모양처럼 답을 먼저 제시한 후 그에 해당하는 물체가 무엇인지 묻지 말라는 뜻입니다. 꼭 미국식 학습방법이 좋다고 주장하는 것은 아니지만 여러 물건을 두고 각각의 성격을 아이들이 생각나는 대로 얘기할 수 있도록 하는 것은 정말 좋은 접근이라고 생각합니다.

　'이거와 저거는 상자 모양이다' 혹은 '이렇게 생긴 건 둥근 기둥 모양이라고 해' 이렇게 말해주기가 얼마나 쉽습니까? 원 기둥과 타원 기둥을 놓고서도 어떤 아이는 서로 다른 것이라고, 또 어떤 아이는 같은 것이라 말할지도 모르죠. 아이들의 이런 분류는 나름의 이유와 관찰을 통해 얻는 것이기에 부모들은 아이들의 이런 관찰과 생각을 존중할 필요가 있습니다. 단순히 도형의 이름을 가르치는 것이 중요한 게 아닙니다. 초등 1학년 문제집에 나오는 문제들에도 미국식 교과서에서 강조하는 접근 방법이 숨어는 있습니다. 하지만 그 의도를 제대로 살리지 못하고 문제만 만들어 두었다는 인상을 받습니다.

　앞서 이 단원이 공감각적 발달을 위한 0단계를 다룬다고 얘기를 했었는데 이러한 점을 유념한다면 아이들이 다음과 같은 문제를 풀 때 잘 도와줄 수 있을 겁니다.

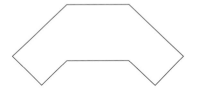

다음 모양은 각각 크기가 같은 네모 모양 2개와 세모 모양 2개를 이어 붙여 만든 것입니다. 어떻게 이어 붙인 것인지 점선으로 나타내시오. 최고수준 수학 1-2

이 문제의 답은 아래 그림과 같습니다.

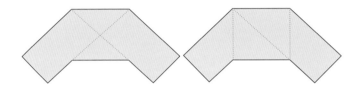

　네모 하면 직사각형을 떠올리는 사람들에겐 첫 번째 그림이 더 쉽게 떠올랐을 겁니다. 물론 문제에는 네모 모양이라고 했지 직사각형이라고 하지 않았으니 두 번째 그림도 틀린 것은 아닙니다. 초등 1학년 아이들은 어떨까요? 만약 네모란 단어에서 직사각형만 떠올린다면 이 단원에서 의도하고 있는 것에서 벗어났다고 할 수 있습니다. 이 문제에서도 굳이 '네모'란 단어를 넣은 이유도 사다리꼴도 네모로 인식해 주었으면 하는 의도가 숨어 있다고 할 수 있습니다. 아이들이 직사각형만 네모로 인식하고 있다면 그건 문제입니다. 여러 모양을 보고 여러 기준에서 아이들이 스스로 분류하는 과정을 경시했다고 할 수 있으니까요.

위 문제에는 눈여겨볼 만한 것이 또 있습니다. 그것은 바로 '분해할 수 있는가?' 하는 것입니다. 미국의 수학책을 보니 이 과정에서 중요하게 다루는 것 중 하나가 바로 'compose & decompose'입니다. 어떤 물건을 여러 형태로 조각내어 볼 수 있는 능력을 중시하는 것이죠. 아마 초등 1학년의 '여러 가지 모양'을 다루고 있는 문제집에서도 이런 내용을 넣고 싶었던 것 같습니다. 좋은 의도이긴 합니다만 여러 문제들 속에 파묻혀 있으니 이것이 얼마나 중요한지 아이들이나 부모들이 파악하긴 어렵습니다. 어쩌면 분해해서 볼 수 있는 능력도 중요하게 다뤄야 할 여러 요소들 중 하나라고 여겨서 그렇게 배치했는지도 모르죠. 'compose(구성 혹은 결합)'와 관련된 문제도 쉽게 찾을 수 있습니다. 아래와 같은 문제가 대표적입니다.

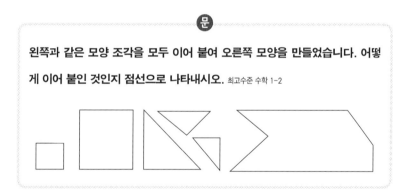

왼쪽과 같은 모양 조각을 모두 이어 붙여 오른쪽 모양을 만들었습니다. 어떻게 이어 붙인 것인지 점선으로 나타내시오. 최고수준 수학 1-2

정답은 아래와 같습니다.

분해와 결합은 도형을 보는 기본적 시각을 제공하기 때문에 중요합니다. 비록 분해와 결합을 묻는 문제들이 다른 문제들 안에 파묻혀 있지만 아이들의 기하학적 기본 능력을 위해서라도 소홀히 할 수 없습니다. 칠교놀이, 종이접기, 자르기 등의 놀이도 꽤 도움이 될 것입니다.

우리 아이 수학박사 프로젝트

2

뒤집기, 돌리기

이 단원에서는 도형을 밀고 뒤집고 돌렸을 때 어떻게 바뀌는지를 배웁니다. 문제를 만드는 입장에서는 이 단원만큼 쉬운 곳이 없을 것입니다. 아무 모양이나 그려놓고 시계 방향으로 90도 돌리라거나 거울에 비친 모습을 그리라고 하면 되니까요. 문제를 푸는 입장에서는 그만큼 어려운 곳이기도 합니다. 감각이 뛰어나지 않은 아이들에게는 특히 그렇습니다.

문제를 풀 수 있는 방법을 가르쳐야 한다면 여기보다 쉬운 단원이 없습니다. 도형을 90도 돌리라고 하면 시험지를 90도 돌린 후 그 그림을 기억해두었다가 답을 쓰면 되기 때문입니다. 제가 이 말을 굳이 하는 이유는 이 단원에서 아이들이 답을 찾는 방법에 매몰되지 않기를 바라기 때문입니다. 이 단원에서 가장 중요한 포인트는 머릿속에서 도형을 돌려보는 겁니다. 답이야 어떻게든 구할 수 있으니 답에 연연할 필요는 없습니다. 머릿속으로 도형을 돌려 얻은 그림과 답을 구하는 절차를 통해 얻은 그림을 비교해가면서 감각을 키울 수 있으면 좋겠습니다.

시작은 뭘로 하면 좋을까요? 글쎄요. 저는 블록을 추천하고 싶습니다. 블록 중에서도 되도록 간단한 걸로 말입니다. 도형을 돌리거나 뒤집으려면 간단한 도형은 추천대상이 아닙니다. 학습 효과가 없기 때문입니다. 하지만 시작은 쉬운 것부터 해야 하지 않을까요? 직사각형 정도라면 회전을 시키는 데 무리가 없을 것입니다. 그 후에 조금씩 덧붙여 보세요. 다음 그림처럼 말입니다.

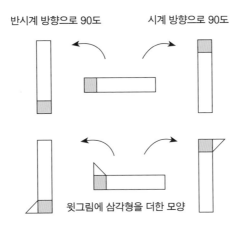

이 단원을 아이에게 가르치실 때 방안지를 적극 활용할 필요가 있습니다. 문제집에서도 회전시킬 도형은 방안지 모양의 점선 위에 표시됩니다. 게다가 방안지를 활용하면 좌표의 개념을 아이에게 가르칠 수도 있습니다. 아래 그림을 보세요.

우리 아이 수학박사 프로젝트

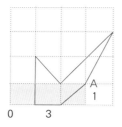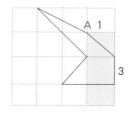

위 오른쪽 그림은 왼쪽 도형이 그려진 방안지의 o를 중심으로 도형을 반시계 방향으로 90도 돌렸을 때 얻어진 그림입니다. 왼쪽 도형의 A점은 o를 중심으로 했을 때 오른쪽으로 3칸, 위로 1칸에 있습니다. 왼쪽 도형을 반시계 방향으로 90도 회전했을 때 A의 위치는 위로 3칸, 왼쪽으로 1칸에 놓이게 됩니다.

아이들이 만약 회전시켰을 때의 그림을 금방 머릿속으로 그리지 못하면 이런 식으로 각 점의 위치를 찍어 선을 연결하게 하면 됩니다. 각 점의 위치를 추적할 때는 위의 그림처럼 직사각형을 기본 단위로 하여 생각해도 좋고 도형에서의 상대적 위치를 고려해서 추적해도 좋습니다. 이런 방식으로 회전한 그림을 추적하는 방법은 좌표에 대한 기본적 개념을 심어주기에 적당합니다.

도형의 이동에서 나오는 뒤집기의 영어식 표현은 mirror image(거울상)입니다. 저는 아이에게 뒤집기를 가르칠 때 먼저 아이를 거울 앞으로 데려갔습니다. 그리고 아이에게 거울 속 사물이 거울 밖 사물과 동일 거리에 있음을 확인시켰습니다. 거울을 단지 자신을 보기 위한 도구로만 알고 있던 아이는 거울 속에 동일한 거리가 존재한다는 것을 신기하게 여기더군요. 사실 저도 신기합니다. 왜 그런지 설명도 못하는 걸요. 거울을 관찰하고 나서 다시 책상에 앉았습니다. 아이에게 거

울 상, 아니 뒤집기를 설명하기가 훨씬 편해졌었죠. 그 원리를 그대로
적용해서 얘기하면 됐으니까요. 다음 그림처럼 말입니다.

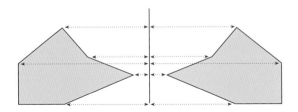

거울상의 또 다른 이름은 선대칭 도형입니다. 거울상을 통해 선대칭
도형을 그리는 데 익숙해졌다면 점대칭 도형 그리기도 얘기해 주십시
오. 지금 교과 과정에서 선대칭, 점대칭 같은 용어는 5학년이 되어야
나오지만 기본 개념은 이미 3학년에서 다루고 있기 때문에 3학년에서
그리는 방법을 미리 가르친다고 문제될 것은 없습니다. 점대칭 도형을
그릴 때는 방안지를 사용하는 것이 여러모로 편리할 겁니다.

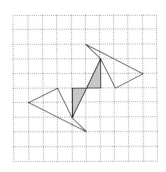

위 그림은 점 o를 중심으로 한 점대칭 도형들을 나타내고 있습니다.

이러한 점대칭 도형을 그릴 땐 각 점의 위치를 먼저 옮기는 법을 가르치는 것이 좋죠. 아마 다들 그렇게 가르치고 계실 것이라 믿습니다. 각 점의 위치가 방안지 위 격자 위에 딱 떨어지게 나오지 않는다면 곤란하지만 위의 경우라면 점 o를 중심으로 한 거리를 구하기가 쉽습니다. 좌표로 나타내면 되기 때문이죠. 점 o를 중심으로 오른쪽으로 1, 위로 2인 지점과 왼쪽으로 1, 아래로 2인 지점이 점대칭인 위치에 놓여 있죠. 아이들에게도 같은 방법으로 설명하면 되겠습니다. 아이들이 익숙해진다면 굳이 이런 방식으로 구하지 않아도 충분히 그릴 수 있을 겁니다. 물론 머릿속으로 180도 회전한 모습을 생각해낼 수 있는 것이 가장 좋겠습니다.

　도형의 변환을 아이들에게 가르칠 때 각종 그래픽 프로그램을 이용해보길 추천합니다. 그래픽 프로그램들을 이용하면 도형의 뒤집기나 회전 등을 쉽게 할 수 있죠. 아이들에게 프로그램의 기능도 가르쳐줄 겸 한번 해보세요.

3

쌓기

어렸을 때 블록 쌓기는 배웠던 기억이 없습니다. 처음 이 단원을 접했을 때 이걸 어떻게 가르쳐야 할까? 고민했습니다. 여러 가지 모양과 관련된 내용 중 이 부분만은 실물을 동원하지 않을 수 없었습니다. 그렇다고 유명 교육용품을 사라고 말씀드리는 것은 아닙니다. 문방구에 가면 빨강, 파랑, 노랑으로 칠해진 작은 정육면체들이 잔뜩 들어 있는 상자를 저렴한 가격으로 구입할 수 있답니다.

우리 아이 수학박사 프로젝트

먼저 이 교구부터 사세요. 그리고 아이들과 쌓기 놀이부터 해야 합니다. 입체와 관련된 문제는 크게 1) 블록을 여러 형태로 쌓은 후 쌓을 때 쓰인 블록의 개수를 묻거나 2) 입체를 여러 면에서 바라본 전개도를 묻거나 3) 전개도를 보고 입체의 형태를 추정해 보는 유형으로 나뉩니다. 이런 문제들을 풀기 전에 아이들이 블록 쌓기에 대한 감을 익힐 필요가 있습니다. 문제를 푸는 것은 그 다음 일이죠.

문제를 풀 때는 위의 2)와 3)을 별개의 문제로 보지 않는 것이 중요합니다. 입체 도형을 바탕으로 각 전개도를 추정하는 것과 각 전개도를 바탕으로 입체도형을 추정하는 것을 별도의 문제로 보지 말라는 얘기입니다.

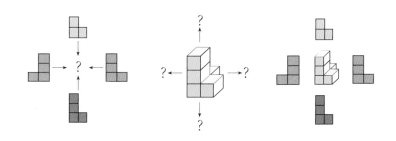

입체에 대한 감(感)과 별도로 아이들에게 필요한 능력이 하나 더 있습니다. 그건 입체 도형을 그리는 문제입니다. 아이들의 능력을 알고 싶으시면 간단한 정육면체를 하나 그려보도록 시켜보면 금방 알 수 있습니다. 아이들은 생각보다 잘 그리지 못합니다. 가장 어려워하는 부분은 평행선 긋기입니다. 아래의 왼쪽 그림처럼 말입니다.

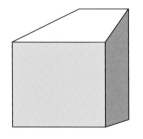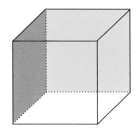

　애들이 그리는 게 다 그렇지 뭘. 이렇게 생각할 수도 있습니다만 평행하다는 것이 무엇인지에 대한 개념이 없기 때문일 수도 있습니다. 아이들에게 평행에 대한 개념을 알려줄 수 있는 기회로 활용하는 것도 좋습니다. 인터넷에는 입체도형의 그림을 잘 이해할 수 있게 하는 방법으로 투명한 용지를 이용하여 정육면체를 만드는 것을 추천하기도 하더군요. 정말 좋은 생각입니다. 투명 용지의 모서리를 사인펜으로 표시하면 우리가 흔히 그리는 입체도형을(오른쪽 위 그림 참조) 눈으로 직접 볼 수 있기 때문에 아이들이 이해하는 데 크게 도움이 될 것입니다.

4
각도
삼각형의 응용

    2, 3학년에서 여러 가지 모양, 도형의 변환을 다루고 나면 4학년에서는 각도와 삼각형에 대해 배웁니다. 4학년 문제집을 펴서 문제들을 보니 어렸을 때 풀었던 문제들이 그대로 나와 있더군요. 조금 생소한 문제들도 있었지만 대부분은 기억이 납니다. 여러분들도 한번 확인해 보세요. 아, 이거! 하는 문제들을 곳곳에서 발견할 수 있을 겁니다. 삼각형을 이용한 문제들의 유형은 거의 일정하기 때문에 처음엔 다소 어렵더라도 일정한 해법만 익히면 쉽게 풀 수 있는 것들이 많습니다. 그만큼 기억하기도 쉽죠. 그렇다고 모든 유형을 다 외우게 할 필요는 없습니다. 기본적인 해법 몇 가지만 알면 되니 아이들에게도 그 점을 강조할 필요가 있습니다.

: 삼각형 내각의 합 180 vs. 삼각형의 한 외각은 두 내각의 합과 같다

삼각형 내각의 합에 대한 응용 문제는 상당히 많습니다. 모든 문제가 여기에 관련되어 있다고 할 수 있을 것입니다. 삼각형의 각을 구하는 문제를 풀 때는 '삼각형 내각의 합 $180°$'의 또 다른 표현인 '삼각형의 한 외각은 두 내각의 합과 같다'가 의외로 많이 쓰입니다. 사실 두

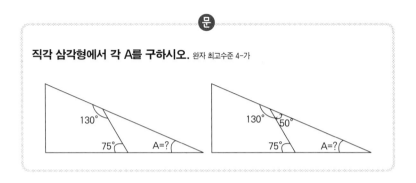

직각 삼각형에서 각 A를 구하시오. 완자 최고수준 4-가

번째 표현이 더 유용한 경우가 많죠. 그 예를 몇 가지 들어보겠습니다.

문제를 푸는 방법은 여러 가지가 있을 겁니다. 직각삼각형 내의 사각형의 내각의 합이 360도라는 것을 이용하는 방법도 있고 직각 삼각형 내의 내각들을 일일이 구한 다음 180도에서 빼는 방법도 있을 것입니다. 하지만 가장 간단한 방법은 오른쪽 그림처럼 삼각형의 한 내각을 구한 뒤 '삼각형의 한 외각은 두 내각의 합과 같다'를 이용해서 A의 값을 구하는 것이죠. 아래 문제들도 마찬가지입니다.

우리 아이 수학박사 프로젝트

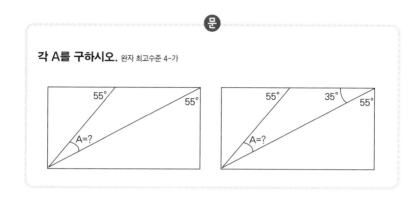

위 문제는 오른쪽 위 모서리 직각에서의 각 35°만 구하고 나서 '삼각형의 한 외각은 두 내각의 합과 같다'를 이용하면 되죠. 아래 문제도 마찬가지입니다.

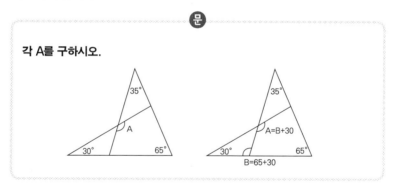

삼각형의 내각의 합 = 180°도 중요합니다만 '삼각형의 한 외각은 두 내각의 합과 같다'도 못지않게 중요합니다.

: 같은 모양으로 표시하기, 간단하게 표시하기

"그림에서 각 ㄱㄴㄹ과 각 ㄹㄴㄷ의 크기는 서로 같고 각 ㄱㄷㄹ과 각 ㄹㄷㄴ의 크기는 서로 같습니다. 각 ㉠의 크기를 구하시오" 문제집에서 흔히 볼 수 있는 문장입니다. 어떻습니까? 눈에 잘 들어오나요? 문장을 읽고 그림을 보다보면 어느 것이 어느 각을 말하는지 금방 파악이 되지 않습니다. 각을 이런 식으로 표현하는 것은 이미 정해진 규칙이라 어쩔 수는 없지만 아이들에게 가르칠 때에는 한눈에 확 들어오도록 표시를 한 후 풀도록 하는 것이 좋습니다. 아래 그림처럼 말입니다.

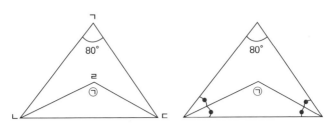

어렸을 때 많이 했던 기억 나시죠? 아마 표시하는 법은 다들 달랐을 테지요. 삼각형 문제에서 이런 식의 표현은 무척 유용합니다. 같은 각, 같은 길이를 가진 변 따위를 같은 기호로 표시하고 나면 안 보이던 풀이 방법도 하나하나 모습을 드러냅니다. 그 다음 단계는 숨은 그림을 찾듯 새로운 조건에서의 답들을 그림 위에 표시하기만 하면 되죠. 아래 문제처럼 말입니다.

문

그림에서 사각형 ㄱㄴㄷㄹ은 정사각형이고 삼각형 ㄱㄴㅁ은 정삼각형입니다. 각 ㄹㅁㄷ의 크기를 구하시오. 완자 최고수준 4-가

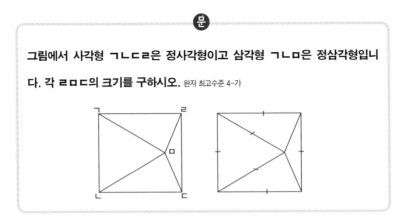

우리 아이 수학박사 프로젝트

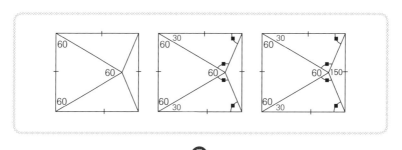

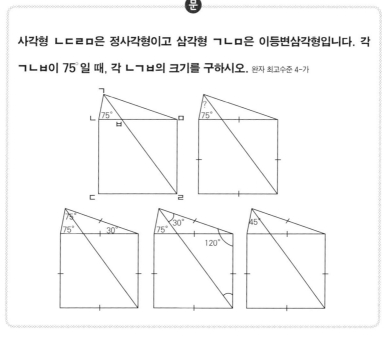

사각형 ㄴㄷㄹㅁ은 정사각형이고 삼각형 ㄱㄴㅁ은 이등변삼각형입니다. 각 ㄱㄴㅂ이 75°일 때, 각 ㄴㄱㅂ의 크기를 구하시오. 완자 최고수준 4-가

문제집의 풀이에는 이렇게 나와 있더군요. "길이가 같은 선분을 표시합니다" "알고 있는 각과 크기가 같은 각을 표시합니다". 같은 것을 표시하고 차례차례 풀면 안 풀리는 문제가 없습니다. 숨은 그림을 찾듯 같은 것을 찾아 표시하도록 하세요. 아이들은 어려운 문제를 척척 풀어나갈 겁니다.

: 그림 파악하기

위에서도 얘기했지만 각도에 관한 문제를 풀다보면 꼭지점과 각에 대한 표시로 혼란스럽게 느껴질 때가 있습니다. 아이들을 혼란스럽게 하는 것은 또 있습니다. 복잡한 그림이 바로 그것이죠. 아이들은 꼭지점과 각에 대한 표시를 파악하지도 못한 상태에서 그림에 대한 설명을 이해해야 하는데 그림에 대한 설명은 왜 또 그리 복잡한지. 그런 상태에서 문제를 풀기란 쉬운 일이 아니죠. 아이에게 문제를 풀게 하기 전에 아이가 문제를 다 이해했는지 먼저 파악해야 합니다. 그러기 위해서는 아이가 그림을 어디까지 이해하고 있는지 알아보도록 하십시오. 방법은 간단합니다. 아이에게 그림을 그려보라고 하거나 그림을 설명하라고 하면 됩니다. 아마 그림을 그려보라고 하면 가장 간단할 것 같습니다. 아래 문제를 한번 보시죠.

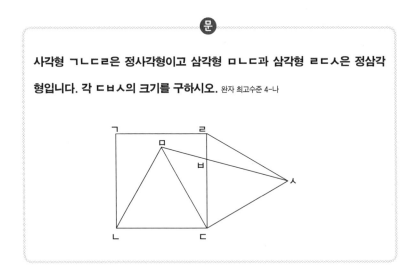

사각형 ㄱㄴㄷㄹ은 정사각형이고 삼각형 ㅁㄴㄷ과 삼각형 ㄹㄷㅅ은 정삼각형입니다. 각 ㄷㅂㅅ의 크기를 구하시오. 완자 최고수준 4-나

문제를 다 읽은 뒤 위 그림을 아이에게 그려보라고 하십시오. 만약

우리 아이 수학박사 **프로젝트**

아이가 위 그림을 아래와 같이 그린다면 아이가 문제를 잘 이해하지
못했다는 뜻입니다.

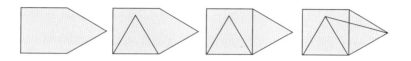

그림을 다시 그려보라고 하는 것은 아이가 출제자의 의도를 파악
해서 재구성할 수 있는가? 하는 것과 연관이 있습니다. 그림을 정확
하게 재구성할 수 있다면 문제를 푸는 것은 그리 어렵지 않을 겁니다.

같은 맥락입니다만 아이가 그림을 볼 때 어떤 식으로 보는지 파악할
필요가 있습니다. 그림을 올바르게 재구성했다 하더라도 그 다음이 문
제일 수 있기 때문입니다. 다음 문제를 한번 보시죠.

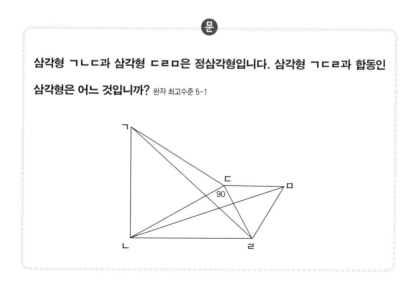

이 문제에서는 직각삼각형의 직각을 이루는 두 변에 정삼각형 두 개가 붙어 있고 직각삼각형의 두 꼭지점에서 두 정삼각형의 꼭지점을 향해 선을 그었을 때 만들어지는 두 삼각형의 합동을 묻고 있습니다. 이 문제의 출제의도를 금방 파악할 수 있는 학부모들에게는 쉬운 문제이지만 아이들에겐 그리 만만하지 않죠. 무엇보다 여러 삼각형이 어지럽게 붙어 있어서 눈을 혼란시키기 때문입니다. 아이들이 여러 개의 삼각형 중에서 아래와 같이 합동인 두 삼각형을 금방 찾는지 살펴보세요.

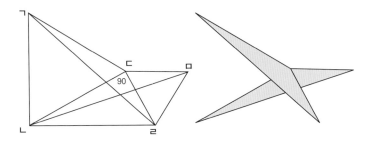

중학교 과정에서도 위 문제와 유사한 문제를 쉽게 발견할 수 있습니다. ?표시가 되어 있는 각의 크기는? 원자 중등수학 1-하

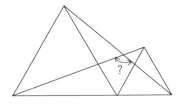

이 문제도 아래 그림처럼 합동인 두 삼각형을 파악하는 일부터 시작해야 합니다.

그 일이 끝나고 나면 문제는 매우 쉽게 풀립니다. 답은 120°입니다.

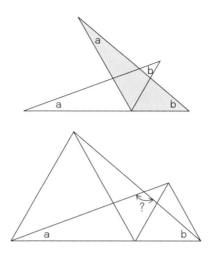

설명하지 않아도 보이시죠?

　그림을 파악하는 일은 그 밖의 문제에서도 활용됩니다. 어쩌면 가장 기본적이라 할 수 있습니다. 위에서 제시한 복잡한 문제 외에도 이런 능력이 요긴하게 쓰이는 문제는 많이 찾을 수 있습니다. 아래 문제들을 보시죠.

문

아래 그림에서 표시된 각의 크기의 합을 구하시오. 완자 최고수준 4-가

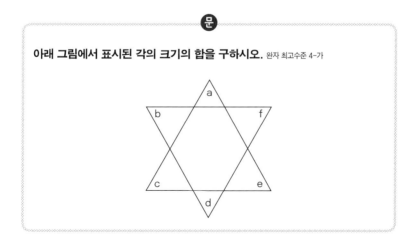

위 문제는 그림을 두 개의 삼각형으로 쪼개서 볼 수 있으면 금방 풀리는 문제이죠.

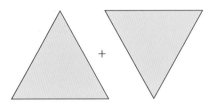

다음 문제도 마찬가지입니다. 완자 최고수준 4-가

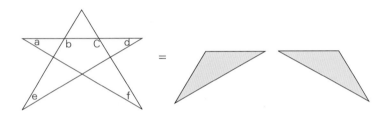

그림을 잘 파악하려면 눈썰미도 중요합니다만 각 도형에 대한 지식이 가장 중요합니다. 아는 것만큼 보인다는 것은 도형에서도 예외가 아닙니다. 쉽지는 않겠지만 지식을 쌓고 여러 문제를 경험하다보면 도형을 분석하는 눈이 길러질 겁니다. 그때까지는 연습이 필요합니다.

5
사각형

    각도에 관한 한 삼각형에서의 기본 법칙은 사각형에서도 동일합니다. 사각형을 배우기 전에 평행과 수직에 관한 내용을 배워야 한다는 것, 그리고 이 내용이 사각형의 각도에 적용된다는 점을 제외한다면 사각형의 각도에서는 새롭다고 할 만한 내용이 보이지 않습니다. 단, 각 사각형에 대한 정의와 사각형 사이의 관계에 대해서는 잘 알고 넘어갈 필요가 있습니다.

    사각형 사이에는 "정사각형은 직사각형이지만 직사각형은 정사각형이 아니다" " 평행사변형은 직사각형이 아니지만 직사각형은 평행사변형이다" 등의 관계가 성립합니다. 아이들에겐 다소 알쏭달쏭할 수도 있지만 생각해보면 얼마든지 이해할 수 있는 내용입니다. 별것 아니라고 볼 수도 있지만 저는 아이에게 꼭 이 부분을 강조합니다. 4학년이 될 때까지 집합을 배우지 않기 때문에 이 기회를 통해서 아이에게 집합의 개념, 크다 작다의 개념을 조금이라도 알려주고 싶기 때문입니다. 사각형들의 관계를 그림으로 나타내면 다음과 같지요. 다들 아실 듯해서 설명은 생략하겠습니다.

6

입체도형

　블록 쌓기에서 입체도형의 겨냥도에 대해 얘기했었죠. 미진한 부분을 좀 더 얘기해봅시다. 입체도형에서 가장 중요하게 다루는 부분은 전개도와 겨냥도입니다. 겨냥도와 전개도를 어떻게 접근할지는 학부모들마다 다르겠지만 저 같으면 이미 만들어진 입체에서 시작하겠습니다. 아래 그림에 나와 있는 방식은 입체에서 시작하여 전개도를 아이들에게 가르칠 때 도움이 됩니다. 완자 실력향상 6-1

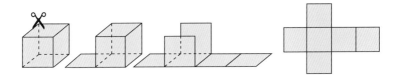

　위 그림은 정육면체의 각 면을 하나하나 잘라서 펼쳐나가는 모습을

보여주고 있죠. 머릿속으로 그리는 것만으로도 충분하지만 실제로 정육면체를 자르면서 보여주어도 됩니다. 일단 잘랐으면 그 반대방향도 보여주어야죠. 그림으로 표시할 때는 전개도를 접는 단계를 나타내 주는 것이 좋겠습니다. 아래 그림처럼 말이죠. 완자 최고수준 5-1

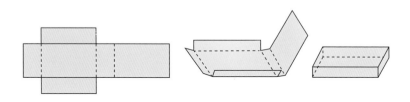

전개도를 접는 단계를 보여주면 아이들이 머릿속에서 그 다음 단계를 그리기가 훨씬 쉬워집니다. 이 점을 고려하는 것이 좋겠습니다.

우리에게 익숙한 정육면체나 직육면체의 전개도는 아래 그림과 같습니다. 그러나 굳이 이 전개도에만 익숙해야 할 이유는 없습니다.

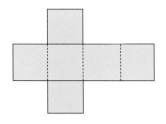

아이들의 문제집에도 여러 종류의 정육면체 혹은 직육면체에 대한 전개도가 나옵니다. 새로 시작하는 아이들에게 특정 전개도만 익히게 해야 할 이유가 없지요. 아이들이 여러 종류의 정육면체 전개도를 그

릴 수 있도록 해야 합니다. 어렵지는 않습니다. 밑면과 옆면이 하나나
둘 정도 붙어 있는 색종이를 주고 그것을 바탕으로 나머지 면들을 배
치하도록 시켜보세요. 아이들은 이런 과정을 통해서 같은 정육면체라
도 전개도를 여러 가지로 나타낼 수 있다는 것을 배울 수 있을 겁니다.

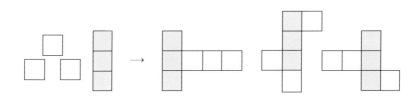

이런 식으로 전개도를 익히고 나면 전개도를 분석하는 것은 그리
어렵지 않습니다만 요령도 물론 필요하지요. 문제를 보면서 얘기해봅
시다.

문

그림과 같이 정육면체에 색 테이프를 붙였습니다. 전개도에 색 테이프를 붙

인 부분을 선으로 그려보시오. 완자 최고수준 5-1

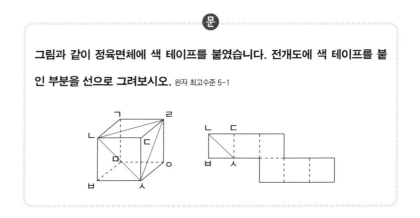

문제를 푸는 방법은 아주 간단합니다. 전개도에 각 꼭지점을 표시
하고 표시된 꼭지점을 이으면 되죠. 꼭지점을 알아내는 것도 간단합니

다. 꼭지점이 잇는 선을 따라 이름을 붙이면 되니까요. 이런 식이죠.

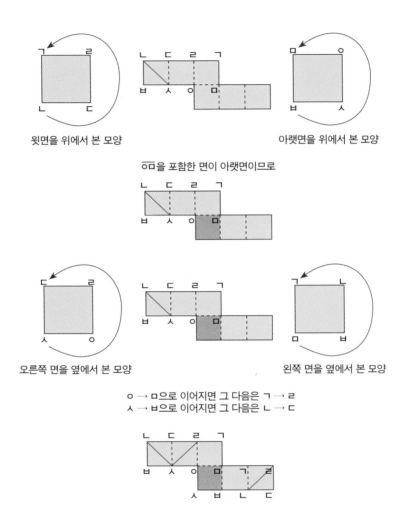

윗면을 위에서 본 모양 　　　　　　　　　아랫면을 위에서 본 모양

ㅎㅁ을 포함한 면이 아랫면이므로

오른쪽 면을 옆에서 본 모양 　　　　　　　왼쪽 면을 옆에서 본 모양

ㅇ → ㅁ으로 이어지면 그 다음은 ㄱ → ㄹ
ㅅ → ㅂ으로 이어지면 그 다음은 ㄴ → ㄷ

정육면체나 직육면체 외에 다른 입체도형도 전개도나 겨냥도를 그
리고 실제로 제작까지 할 수 있다면 배워야 할 것의 80%는 아는 셈입
니다. 그 외의 내용들은 여기서 더 다루지 않겠습니다.

우리 아이 수학박사 프로젝트

tip **기하를 좀 더 잘 하려면**

…▸ 아이들 마음대로 도형을 분류하게 두세요.

…▸ 칠교놀이를 시키세요.

…▸ 뒤집고 돌리는 문제들에 모눈종이를 적극 이용하세요. 하지만 머릿속
    으로 돌리는 것이 제일 중요하다는 것을 잊지 마세요.

…▸ 컴퓨터 프로그램을 이용해서 뒤집고 돌려보세요.

…▸ 나무블록으로 직접 쌓기 놀이를 하세요.

…▸ 전개도를 그리고 입체를 직접 만들어보세요.

…▸ 도형을 쪼개서 보는 법을 익히도록 하세요.

…▸ 도형의 정의를 익히도록 하세요.

9

자료 다루기,
표와 그래프

표와 그래프는 2학년 2학기에 처음 나옵니다. 3학년 2학기엔 막대 그래프나 그림그래프가 나오고 4학년 2학기에는 꺾은 선 그래프와 그 활용, 5학년 2학기에서는 줄기와 잎 그래프, 평균에 대한 개념 따위를 배우죠. 아이는 2학년 2학기에 자료 다루기를 처음 접했을 때 너무 편하다고 하더군요. 골치 아픈 덧셈이나 뺄셈도 없이 그냥 하라는 대로 하기만 하면 되었으니 말이죠. 부모님들에게도 편한 곳입니다. 아이들에게 맡겨 놓으면 되니까 말입니다. 그래도 핵심이 무엇인지는 아이들에게 알려주어야 하지 않을까요?

ː 자료와 표

2학년 2학기 자료 정리나 표, 그래프를 다루는 부분에서 처음 접할 수 있는 문제의 유형은 다음과 같습니다.

수정이네 반 학생들이 받고 싶어 하는 선물을 조사하였습니다. 선물별로 받고 싶어 하는 학생 수를 표로 나타내고 가장 많은 학생들이 받고 싶어하는 선물을 알아보시오. (보기에 모자, 신발, 시계, 책 등이 그려져 있음)

(1) 조사한 것을 보고 표로 나타내시오.

선물별 받고 싶어 하는 학생 수					
선물	모자	책	신발	시계	합계
학생 수(명)					

(2) 가장 많은 학생들이 받고 싶어 하는 선물은 무엇입니까?

통계의 기본은 1) 어떤 자료를 모을 것인가? 2) 원하는 자료를 어떻게 모을 것인가? 3) 자료를 어떻게 분석할 것인가? 4) 결과를 어떻게 해석할 것인가? 라고 할 수 있습니다. 위의 문제는 이 중에서 자료를 어떻게 분석할 것인가에 해당하는 문제라고 할 수 있습니다. 문제에서 표가 주어졌고 아이들은 표의 빈 칸만 채우면 되기 때문에 문제가 어렵지 않지만 만약 표가 주어지지 않고 모자와 신발, 시계나 책 등이 그려진 보기만 주어졌다면 어땠을까요? 아이들이 이 문제를 쉽게 풀었을까요? 아이들에게 표를 먼저 보여주지 말고 아래처럼 자료만 준 후 아이들 스스로 표를 만들도록 해보십시오.

이름	운동	이름	운동	이름	운동	이름	운동
미진	탁구	경준	배구	민환	축구	지훈	축구
예슬	수영	이나	배드민턴	상중	탁구	현영	수영
지운	수영	성민	배구	진아	축구	세린	수영

표를 직접 만들면 자료를 정리한다는 것이 무엇인지 표가 왜 필요한지를 말해주지 않아도 금방 깨닫습니다. 아이들이 문제집에 있는 표의 빈 칸을 잘 채운다고 만족하지 마시고 그 표를 직접 만들도록 시키십시오.

표에 대한 이해를 키우게 하려면 거꾸로 생각할 필요도 있습니다. 다음 문제를 보시죠.

문

소정이네 모둠 학생들의 잠자는 시간을 조사하였습니다. 표를 보고 그래프로 나타내고 몇 시간 동안 잠자는 학생이 가장 많은지 알아보시오.

잠자는 시간별 학생 수

잠자는 시간	6	7	8	9	10	계
학생 수(명)	3	3	2	3	2	13

1) 위의 표를 보고 그래프로 나타내시오.

잠자는 시간별 학생 수

3					
2					
1					
학생수(명) / 시간	6	7	8	9	10

대부분의 문제에서는 위 문제처럼 표를 주고 그래프를 만들라고 합니다만 거꾸로 생각해도 좋겠습니다. 즉, 그래프를 먼저 주고 표를 만들어 보라고 하는 것이죠. 이렇게 하면 그래프를 만들기 위해 어떤 식으로 표를 구성해야 하는가를 더 잘 이해할 수 있을 것입니다.

: 그래프 만들기

표를 만들 줄 알면 그 다음 할 일은 그래프 만들기입니다. 다음 문제를 보시죠.

문

철우네 반 학생들이 키우고 싶어하는 동물을 조사한 것입니다. 물음에 답하시오.

동물별 키우고 싶어하는 학생 수

동물	강아지	고양이	토끼	햄스터	새	계
학생 수(명)	5	7	9	6	3	

우리 아이 수학박사 프로젝트

이런 표를 보고 그래프를 만들려면 우선 ① X값과 Y값이 무엇인지를 파악해야 하고 ② 어떤 그래프를 그릴 것인지 ③ Y값의 범위는 어떻게 잡아야 하는지 등을 고려해야 합니다. 이 문제에서는 그래프를 그리라고 요구하고 있지 않지만 아이에게 이런 표만 주고 그래프를 직접 그려보라고 하는 것이 아이의 이해를 돕는 최선의 방법입니다. 대부분의 아이들은 표만으로는 그래프를 쉽게 그리지 못합니다. 다음 문제를 보아도 그것을 잘 알 수 있습니다.

다음 표를 그래프로 나타내려고 합니다. 가로에는 운동을 나타내고 세로에는 학생 수를 나타낼 때 세로 눈금은 적어도 몇까지 나타낼 수 있어야 합니까?

운동별 좋아하는 학생 수

운동	축구	야구	탁구	배구	테니스	계
학생 수(명)		7	9	3	5	

이 문제에는 가로에 운동 종목이 들어가고 세로에 학생 수를 나타낸다는 것을 명시하고 있습니다. 이런 지침이 없으면 아이들이 쉽게 표를 그리지 못한다는 것을 간접적으로 말하고 있는 것이나 다름없습니다. 아이들에게 표만으로 그래프를 그리는 연습을 시키는 것은 중요합니다.

: 컴퓨터 프로그램을 이용한 그래프 만들기

요즘은 각종 프로그램들이 많이 나와서 그래프를 만드는 일은 무척 쉬워졌습니다. 아이들에게 컴퓨터 프로그램을 이용하여 그래프를 만드는 것을 보여주세요. 어떤 프로그램을 이용해도 좋습니다. 저는 아이가 이 단원을 처음 접했을 때부터 프로그램을 이용해서 그래프를 만드는 것을 보여주었습니다. 표를 만드는 것이 그래프를 만들기 위한 기본 작업이란 것을 알려주기 위해서, 그리고 그래프 따위는 프로그램을 이용해서 얼마든지 만들 수 있다는 것을 보여주기 위해서였습니다. 아래 그래프는 표의 내용을 엑셀을 이용하여 그린 그래프입니다. 이 정도의 그래프는 컴퓨터를 사용하는 학부모들은 대부분 쉽게 만드실 수 있지요.

하고 싶은 일에 대한 학생 수

하고 싶은 일	선생님	과학자	의사	방송인
학생 수	2	1	4	3

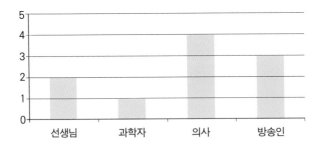

그래프 만들기에서 제가 컴퓨터의 활용을 강조하는 이유는 제가 하는 일과도 관련이 있습니다. 저는 늘 실험을 하고 실험 결과를 분석하

고 그래프를 만듭니다. 그 모든 일을 컴퓨터 프로그램을 이용하여 합니다. 어떤 결과를 사용하고 어떤 결과를 받아들일까만 결정하고 나면 그 다음은 프로그램이 해줍니다. 지금 아이들이 어른이 되면 제가 사용하는 것보다 더 좋은 프로그램으로 각종 데이터를 처리하겠죠. 그러므로 아이들에게 표와 그래프에 대해 가르칠 때 어디에 중점을 두고 가르쳐야 하는지는 자명합니다. '자료들을 컴퓨터로 처리하려면 어떤 형태로 가공해야 하는가?'를 가르쳐야 합니다. 그러기 위해서는 컴퓨터 프로그램에 일찍 노출시키는 것이 좋습니다.

4학년에 들어가면 꺾은선 그래프가 나옵니다. 여기서 강조하는 내용은 ① 꺾은선 그래프를 언제 쓰느냐? ② 눈금의 간격을 어떻게 할 것인가? ③ 어떻게 그리느냐? 정도인데 이런 내용들도 컴퓨터 프로그램을 이용하여 그래프를 그리면서 설명할 수 있으면 좋겠습니다.

참고서에는 꺾은선 그래프를 그릴 때 물결무늬를 이용하여 그래프의 범위를 제한하고 있습니다. 물결무늬를 이용한 그래프 표시법은 종이 위에 그래프를 그릴 때 그래프를 확대하기 위한 방법에 불과합니다만 (아래 그림) 컴퓨터를 이용하여 그린다면 크게 문제가 되지 않습니

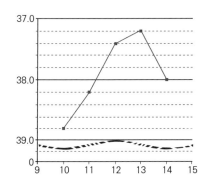
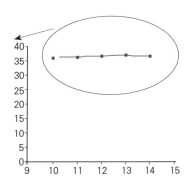

다. 컴퓨터 프로그램을 이용하는 경우에는 Y축의 범위를 쉽게 바꿀 수 있기 때문에 굳이 필요 없는 방법이지요. 각종 프로그램을 이용하여 Y축의 값을 바꾸어 그래프가 확대되는 모습을 보여주세요. 컴퓨터를 이용하여 그래프를 그릴 때의 편리함을 아이들이 체험할 수 있게 도와주십시오.

: 각종 그래프(줄기와 잎 그림을 중심으로)

표와 그래프를 만들고 자료를 해석하는 기본적 학습은 2학년에 끝납니다. 그 이후로는 각종 그래프를 소개하고 각 그래프의 특성을 배우게 됩니다. 3학년에는 막대그래프와 그림그래프, 4학년은 꺾은선 그래프, 5학년은 줄기와 잎 그림, 그림 그래프, 6학년은 원 그래프, 이런 식으로 범위를 넓혀 갑니다. 부모님들은 이런 그래프들이 익숙하시겠죠. 단 하나 예외가 있다면 아마 5학년 때 배우는 줄기와 잎 그림이 아닐까요? 이 단원의 제목을 각종 그래프라고 달았습니다만 각 학년에 배우는 그래프를 다 소개할 생각은 없습니다. 부모들 세대에서 배우지 못했던 줄기와 잎 그림만 소개하고 얘기를 맺고자 합니다.

'줄기와 잎 그림'은 영어 명칭은 stem and leaf plot입니다. 영어로는 plot이라 표현하여 그래프로 해석하는 것이 마땅함에도 불구하고 '그림'이란 이름을 달아두었더군요. 전통적인 의미의 그래프로 표현하기가 마땅하지 않아서 그런 명칭을 달지 않았을까 싶더군요. 저는 이 그래프를 초등학교에서 배운 적이 없습니다. 아마 대부분의 학부모들도 배우지 않았으리라 생각합니다. 우리가 배우지 않았다고 중요하지 않은 것은 아니니 열린 마음으로 아이들과 한번 얘기를 나눠보세요. 의외로 재미있는 그래프입니다.

먼저 이 그래프를 소개해야겠지요? 운동장에 15명의 학생들이 모여 있는데 그 아이들의 몸무게를 다 측정했더니 각각 37, 32, 30, 39, 41, 48, 45, 40, 43, 49, 53, 52, 54, 57, 56(kg) 이렇게 나왔다고 합시다. 흔히 쓰는 방법은 30~34, 35~39, 40~44, 45~49, 50~54, 55~60 이런 식으로 구간을 나눠서 각 구간 당 몇 명이 있는지 따지겠지요. 하지만 줄기와 잎 그림을 쓰면 이런 자료는 다음처럼 나타냅니다. 완자 최고수준 5-2

학생들의 몸무게 (3|7은 37kg)

줄기	잎
3	7 2 0 9
4	1 8 5 0 3 9
5	3 2 4 7 6

이런 식으로 자료를 처리하면 두 모둠 사이의 점수 비교도 쉽게 할 수 있습니다. 완자 최고수준 5-2

잎 (수영이네 모둠)	줄기	잎 (민영이네 모둠)
3 2 8	7	8 2
5 7	8	4 7 5

한눈에 민영이네 모둠의 총점과 평균이 수영이네 모둠보다 높다는 것을 알 수 있죠. 줄기와 잎 그림은 자료의 크기가 너무 크면 사용하기가 불편해서 별로 의미가 없지만 적당한 크기의 자료라면 한눈에 볼

수 있어 편리합니다. 우리가 눈치 채지 못해서 그렇지 실생활에서도 많이 쓰이고 있다고 하는군요. 위키피디아를 찾아봤더니 줄기와 잎 그림 형태로 나타낸 일본 어느 역의 기차시간표가 나와 있었습니다.

어느 반 학생들이 다음과 같은 점수를 받았다고 합시다.

점수	66	70	74	76	80	82	84	86	90	92	94	98	100
사람 수	1	1	1	1	2	3	2	2	4	1	1	3	4

이것을 그래프로 표시하는 방법은 여러 가지가 있습니다. 두 가지 예를 들겠습니다.

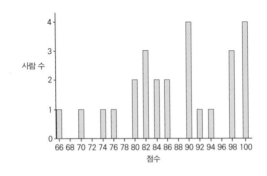

우리 아이 수학박사 프로젝트

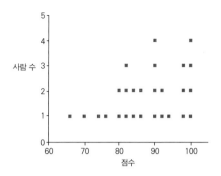

첫 번째 그래프는 우리가 잘 알고 있는 막대그래프, 두 번째 그래프는 line plot이란 형식입니다. 위 자료들을 줄기와 잎 그림으로 나타내보면 아래와 같습니다.

학생들 점수 (6|6은 66점)	
줄기	**잎**
6	6
7	146
8	002224466
9	000024888
10	0000

이 그래프를 보면서 느끼는 바는 사람마다 다를 것입니다만 줄기와 잎 그림을 보면 어느 점수대에 학생들이 몰려 있는지 금방 알 수 있는 것이 사실입니다. 줄기와 잎 그림을 길게 설명한 것은 아이들에게 설명해 주실 때 다른 그래프와 비교 설명을 하라는 의도에서였습니다. 참고서나 문제집에는 줄기와 잎 그림의 장점을 '1. 각 계급에 해당하

는 수를 비교하기 쉽습니다. 2. 조사표보다는 통계적 사실을 직관적으로 파악할 수 있습니다' 이렇게 설명하고 있지만 아이들이 다른 그래프나 표를 보면서 이 점을 이해할 수 있다면 더 좋을 것입니다.

 tip 자료 다루기를 좀 더 잘 하려면

⋯▶ 자료만 보고 직접 표를 만들도록 하세요.

⋯▶ 표만 보고 그래프를 직접 만들도록 하세요.

⋯▶ 컴퓨터 프로그램을 이용하여 그래프 만들기를 해보세요.

우리 아이 수학박사 프로젝트

10

그리고
못 다한 이야기들

1

시간

어떻게 하면 아이가 수학을 잘하게 할 수 있는가란 물음에 답이 있을까요? 저는 그 답으로 '시간'을 제시하고자 합니다. 여기서 제가 말씀드리는 시간은 '수학에 투자하는 시간'과 '여가 시간' 두 가지입니다.

수학에 투자하는 시간이란 아이들과 함께 수학 공부를 하는 시간을 말합니다. 아이들이 초등학교에 들어갔다면 하루에 적어도 한 시간 정도는 수학을 같이 공부해보세요. 더 오래 할 필요도 없습니다. 한 시간 정도가 딱 좋습니다. 1, 2학년에겐 길고 5, 6학년에겐 짧을 수 있지만 시간을 정해놓고 하는 것은 규칙적으로 시간을 운영할 수 있다는 점, 하고 싶은 다른 일이 생겨도 그 시간만은 지킨다는 암묵적 동의까지 얻어낼 수 있다는 점 등 여러 장점이 있습니다. 공부야 아이가 하는 거지 부모까지 나설 필요가 있나 싶은 분들은 예외입니다.

한 시간이라고 해서 아이들이 수학 공부를 한 시간만 하면 된다는 뜻은 아닙니다. 함께 공부하는 시간을 한 시간으로 정했을 뿐 나머지 필요한 시간, 즉 학교 숙제를 할 시간, 부모님과 함께 공부하며 배운 부분을 따로 익히는 데 드는 시간 등은 아이들이 정해야 합니다. 부모님들은 저녁이 되어야 자녀들과 함께할 수 있으니 낮 시간에 아이들이 해야 할 부분은 따로 정해야 하지요. 아마 그런 것까지 고려하면 아이들이 수학 공부를 하는 시간이 적어도 한 시간 반 이상은 될 것 같습니다. 사실 상당히 긴 시간이지요. 아이들이 초등학교 6년 동안 매일 한 시간 반 이상 수학에 투자하고도 수학을 못한다는 것은 상상도 할 수 없습니다. 만약 그런 학생이 있다면 무언가 다른 문제가 있을 겁니다.

'여가 시간'은 아이가 놀 수 있는 시간을 말합니다. 부모들은 아이가 서술형 문제를 잘 풀지 못하면 그 해법으로 독서를 떠올리지만 정작 아이에게 책 읽을 시간을 주지는 않습니다. 학원과 정해진 공부시간에 치여 아이들은 늘 시간이 부족합니다. 그나마 남은 시간은 컴퓨터와 TV에 빼앗깁니다. 부모들은 아이의 독서를 위해 독서학원까지 보냅니다. 도대체 어디서부터 잘못된 걸까요? 책을 읽고 상상할 수 있는 시간을 아이들에게 허용하십시오. 아이들의 수학 실력이 향상될 겁니다.

2

학원

아이를 학원에 보내십니까? 아마 대부분 학부모들의 대답이 '그렇다'일 겁니다. 저는 아이를 학원에 보내지 않습니다. 학원에서 어떻게 가르치는지 알 수 없으니 그곳에 대해 가타부타 이야기할 생각은 없습니다. 학원도 나름 장점이 있을 겁니다. 그러니 많은 부모들이 아이를 학원에 맡기는 것이겠지요. 하지만 초등학생의 부모인 저는 아이가 아직은 학원을 갈 필요가 없다고 생각합니다.

학원에 보낼 필요가 없다고 한 이유는 두 가지입니다. 첫째는 부모 자신이 가르쳐야만 아이가 어느 정도 이해하는지 알 수 있기 때문이고, 둘째는 아이가 스스로 익힐 시간을 주기 위함입니다. 저도 학교에서 강의를 합니다만 여러 학생들에게 일방적으로 하는 강의가 얼마나 효율성이 있는지에 대해서는 상당히 회의적입니다. 강의의 효율성은 시험에서 그대로 나타납니다. 대부분의 시험에서 학생들의 성적은 정규분포 곡선에서 벗어나지 않습니다. 만약 학생들을 1:1로 잡고 가르쳤다면 그들의 성적은 고득점대로 이동할 겁니다. 아이들이 학원을 가는 이유 중의 하나는 선행학습 때문이죠. 수학 선행학습은 상당히 어렵습니다. 그 어려운 내용을 아이들은 얼마나 이해하고 돌아오는 걸까요? 저는 그게 의문입니다. 어떤 학원 선생님도 부모처럼 자세히 아이들을 들여다보며 이해를 돕지는 못합니다. 학원 숙제도 또 다른 기피 요인입니다. 학원 숙제를 밤늦게까지 하는 아이들을 가끔 봅니다. 숙제를 하는 것은 좋지만 이렇게 하다보면 배운 것을 익히는 시간이 부족합니다. 숙제를 통해 배운 것을 익힌다고 생각하실 수도 있지만 학원의 진도를 맞추다보면 배운 것을 익힐 시간을 따로 내어야 합니다. 아이들에겐 여간 고역이 아니지요.

고등학교를 정상적으로 나온 부모들이라면 아이들의 초등수학 내용 정도는 봐줄 수 있습니다. 학원에 아이를 맡길 필요가 없는 또 다른 이유이지요. 하루에 한 시간 정도 함께 공부해보라고 권했지만 그 시간을 통해 아이를 가르치라는 뜻은 아닙니다. 부모가 나서서 하나하나 가르칠 필요는 없습니다. 앞에서도 강조했습니다만 수학은 얘기를 하면서 풀어야 합니다. 다른 과목에 비해 대화가 정말 중요한 과목입니다. 수학 문제를 잡고 끙끙거리고 있으면 도대체 이 아이가 무엇을 모르고 있는지 알 수 없습니다. 얘기를 하기 전까지는 말입니다. 얘기를 하라고 해서 문제를 직접 풀어주라는 뜻 아님은 위에서도 언급했습니다. 부모의 역할은 실타래를 풀어주는 것으로 끝나야 합니다. 대화는 아이가 스스로 길을 찾기 위한 도구에 불과합니다.

대화를 통해 아이가 스스로 문제를 해결하고 나중에 시간을 내서 익히면 학원에 갈 필요가 없어집니다. 이렇게 초등 6년을 보내고 나면

나중에는 더욱 학원에 갈 필요가 없어질 겁니다. 그때는 수학이 만만
해 보일 테니 말입니다.

3

선행학습

2010년 『아이들은 왜 수학을 어려워할까?』 출간 기념 강연회에서도 선행학습에 대해 얘기했습니다. 그때 저는 이렇게 말했었죠. "선행학습이 좋다 나쁘다에 대해서는 일률적으로 얘기할 수 없다. 선행학습을 해야 한다면 비용과 아이의 능력 두 가지만 고려하면 된다." 지금도 그 생각에는 변함이 없습니다. 다른 것 다 제쳐두고 비용과 아이의 능력 두 가지만 생각해보면 됩니다. 같은 반 아이가 어느 학원에서 선행학습을 하더라는 것은 이유가 될 수 없다는 뜻입니다.

여기서 제가 말씀드리는 비용은 경제적인 비용이 아닙니다. 아이들이 선행학습을 함으로써 겪어야 하는 심리적 고통, 학원을 다니면서 뺏기는 시간, 제대로 이해하지 못하고 어설프게 배우는 공식과 그로 인해 파생되는 문제 등을 비용이라고 말씀드리는 겁니다.

저는 그 비용 중에서도 어설프게 배운 지식과 그로 인해 생겨나는

우리 아이 수학박사 프로젝트

문제들이 가장 큰 문제라고 생각합니다. 선행학습의 가장 큰 장점은 문제를 볼 수 있는 다른 시각을 제공한다는 데 있습니다. 산에 오르고 나면 올라왔던 길이 아무것도 아닌 것처럼 보이듯 고등수학의 문제풀이 방법을 배우고 나면 초등수학의 문제는 너무 쉬워 보입니다. 하지만 여기에는 두 가지 큰 함정이 있습니다. 첫째는 문제를 푸는 방식이 제한될 가능성이 있다는 것이고 둘째는 수학적 토대가 약해질 수 있다는 것입니다.

문제를 푸는 방식의 제한에 대해서는 이 책에서 여러 번 얘기했습니다. 부모들이 알고 있는 방식은 문제를 푸는 데 정말 효율적이지만 그렇게만 가르치고 나면 아이들은 더 이상의 새로운 방식을 찾지 않습니다. 수학적 상상력을 제한하게 되는 셈이죠. 다음과 같은 연립방정식을 생각해보세요.

공책 3권과 연필 2자루의 값이 1030원이다. 같은 공책 4권과 연필 3자루의 값이 1420원이라면, 공책 한 권과 연필 한 자루의 값은 각각 얼마인가?

학원에서 연립방정식을 배운 아이라면 이런 문제쯤은 식은 죽 먹기일 겁니다. 당연히 이렇게 풀겠죠.

3A+2B=1030
4A+3B=1420

12A+8B=4120

12A+9B=4260. 그러므로 B=140, A=250

하지만 이 문제는 이렇게 풀 수도 있지요.

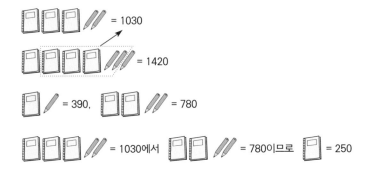

이렇게 풀면 숫자가 아닌 공책과 연필로 문제를 이해하기 때문에 훨씬 더 자연스럽습니다. 다양한 방법으로 생각을 해야만 풀 수 있다는 점도 장점입니다. 연립방정식만 알고 지내는 아이보다 더 생각의 폭을 넓힐 수 있습니다.

문제를 식으로만 푸는 데 익숙한 아이들이라면 식이 없을 때 어떻게 풀어야 하는지 고민할 겁니다. 이런 문제를 생각해보세요.

연속된 두 수의 곱을 구했더니 552가 되었다. 두 수를 구하시오.

고등수학에서는 이 문제를 이렇게 풀죠.

$$A \times (A+1) = 552$$

$A^2+A-552=0$

$(A-23) \times (A+24)=0$

$A=23$, 답은 23, 24

설마 4학년 아이에게 이렇게 가르치시겠습니까? 초등수학에서 이 문제를 풀려면 어림하는 수밖에 없습니다. 어떤 수를 거듭 곱하여 552 근처가 되는 수를 찾으면 $20 \times 20=400$, $25 \times 25=625$이니 찾는 수는 20과 25 사이에 놓일 것입니다. $22 \times 22=484$, $23 \times 23=529$, $24 \times 24=576$이니까 답은 23일 가능성이 제일 높죠. 결국 이런 방식으로 $23 \times 24=552$를 찾을 것입니다. 아이들은 이렇게 답을 찾아가는 과정에서 가설-검증의 단계를 반복하고 이 과정에서 수학의 논리를 체득할 것입니다. 식만 가르친다면 답은 찾을 수 있어도 이러한 수학적 토대를 다질 기회를 잃어버릴 것입니다.

아이의 능력에 대해서는 긴 설명이 필요 없을 줄 압니다. 아이가 어느 수준인지, 지금 무엇을 공부해야 하는지는 부모가 제일 잘 압니다. 학원 선생님이 부모보다 더 나을 수는 없습니다. 이 두 가지 요소를 충분히 극복할 수 있다면 선행학습이 꼭 나쁜 것만은 아닙니다. 초등수학에만 머물게 했다면 송유근 같은 천재가 세상에 나올 수 있었겠습니까?

4
부모에게 들려주고
싶은 말

: 눈높이 맞추기

부모가 아이를 가르치기는 쉽지 않습니다. 기껏 가르쳐주었더니 나중에 딴소리나 하고 족히 서너 번은 강조했던 문제도 다시 풀어보라면 모르기 일쑤입니다. 아이를 가르쳐보면 이런 경험, 정말 숱하게 합니다. 저도 이런 경험을 많이 했습니다. 그때마다 "여러 번 얘기했는데 왜 그걸 기억 못할까?" 하는 생각이 들었습니다. 하지만 최근에야 무엇이 문제인지 알았습니다. 그건 제가 알고 있는 언어로 아이에게 말했기 때문이었습니다. 저는 정말 쉽게 말한다고 했는데 아이가 알아듣지 못한 경우가 제법 있었습니다. 아이가 처음 수학을 시작하는 단계라면 그런 경험을 더 많이 하게 될 겁니다. 아이의 눈높이에 부모가 맞추어야 합니다. 그렇게 하려면 아이가 어디까지 이해했는지 계속 대화할 수밖에 없습니다.

우리 아이 수학박사 프로젝트

: 아이가 풀 수 있게 할 것

아이가 이런 얘기를 하지 않나요? "아빠랑 풀면 재미없어. 아빠만 혼자 풀잖아." 아이들의 수학을 봐주다보면 이런 일이 가끔 생깁니다. 정작 문제를 풀어야 하는 사람은 아이인데 부모가 다 해주는 경우 말입니다. 부모도 못 푸는 문제가 나와서 그럴 수도 있습니다. 아이는 옆에서 놀고 부모는 끙끙대며 푸는 경우가 가끔 있지요. 그러나 그런 경우가 아니더라도 부모가 너무 명쾌하게 설명을 해서 아이가 다 이해했다고 오해하고 돌아서는 경우가 분명 있습니다. 아이더러 나중에 다시 풀어보라고 하면 잘 해내지 못합니다. 저는 이 책에서 아이와의 대화를 강조했습니다. 수학 문제를 풀 때의 대화는 아이가 헤매고 있을 때 길을 잠시 비춰주는 것 이상의 역할을 해서는 곤란합니다. 아이가 논리적인 해법을 단계적으로 밟을 수 있도록 도와주기만 하면 됩니다. 아이보다 반보 정도 뒤에서 따라가는 기술을 부모들은 배울 필요가 있습니다.

: 시험의 공포에서 벗어나게 만들기

"글쎄, 걔 엄마는 하나 틀리는데 열 대씩이래." "설마." "정말이야. 지난번에도 몇 대 맞았다던데?"

수학 강연에서 사용한 자료에 들어 있던 대화 내용입니다. 실제로 들었던 일입니다. 정도는 다르지만 시험이 끝나면 이런 식의 반응을 보이는 집들이 꽤 있지 않을까요?

부모들이 이렇게 반응하는 이유는 '초등학교 수학처럼 쉬운 것을 어떻게 틀릴 수 있나?' 하는 잘못된 생각에서 출발합니다. 그러나 초등수학 문제집을 관심을 가지고 들여다본 부모라면 그런 생각은 하지 않을 겁니다. 초등학교 수학은 생각보다 어렵습니다. 예전 일간지에 난 기사 〈아빠 수학은 65점〉(동아일보 2012년 9월 1일자)만 보아도 그 사실을 잘 알 수 있습니다. 열한 가족이 응시한 수학시험에서 아빠들의 최종 점수는 평균 65.5, 아이들의 최종 점수는 평균 64.5점이었습니다. 시험에 참가했던 아빠 전원이 4년제 대학을 나왔고 박사가 2명 석사가 1명이었으며 이공계 출신이 5명이나 되었는데도 말입니다. 그러니 이젠 초등수학은 쉽다고 생각하는 태도는 버려야 합니다.

아이들이 왜 틀렸느냐를 분석하는 것이 우선이어야 하는데 결과만을 놓고 체벌을 가하려는 태도는 아무 도움도 되지 않습니다. 아이가 시험 문제를 틀리면 그 문제를 함께 풀어보세요. 다시 풀면서 아이가 정확하게 이해를 한다면 더 이상 시험 결과에 대해 얘기하지 마세요. 그렇게 하면 아이는 시험을 자신이 무얼 모르는지 점검하는 기회로 여기게 될 것이고 시험에 대한 공포도 점점 사라질 것입니다. 체벌은 당연히 금물입니다.

: 나도 잘 몰라

아이는 아빠인 제가 푼 답이 틀렸을 때 제일 좋아합니다. 왜 그렇게 좋아하는지 원. 다 알고 있을 거라 생각했던 아빠가 틀리는 모습이 너무도 신기했던 모양입니다. 그런데 말이죠, 실제로 어려워서 틀리는 문제가 아니라도 부모는 가끔 연기를 해야 할 때가 있습니다. "이건 뭐지? 대체 어떻게 풀라는 거야? 넌 알겠니?" 이런 식으로 말입니다. 아이들은 그럴 때 정말 좋아합니다. 아마 동질감을 느끼나 봅니다.

부모가 모른다고 하면 아이들은 자기가 나서서라도 이 문제를 해결하겠다는 자세를 보입니다. 부모도 모른다는데 틀린다고 한들 크게 문

우리 아이 수학박사 프로젝트

제될 것이 없다고 보기 때문일까요? 그리 어렵지 않은 문제를 모른다고 시치미 떼면 아이는 문제를 다 풀고선 의기양양하게 부모에게 설명하려 듭니다. "이건 말야, 이렇게 풀면 되거든~" 이렇게 뻐기면서 말입니다. 조금 어려운 문제라면 부모도 머리 싸매고 푸는 시늉을 하면 좋습니다. 이럴 때 아이랑 얘기를 하면서 문제를 푸는 방향을 찾도록 도우면 좋습니다. 나중엔 아이가 먼저 자기가 가르쳐주겠다며 찾아올 수도 있습니다.

: 소중한 시간들

이제는 이 책을 마무리하려고 합니다. 끝내기 전에 한 마디만 더 하고 싶습니다. 그건 '아이와의 공부 시간을 뜻 깊은 시간으로 만들라'는 것입니다. 저는 매일 저녁 한 시간씩 아이와 함께 수학을 공부합니다. 처음엔 아이의 수학 실력을 키워주는 것이 목적이었습니다만 지금은 아이와 노는 시간이 되었습니다. 아이 입장에선 여전히 부담스런 놀이인 것이 사실이지만 저는 아이와 보내는 저녁 한 시간이 무척 소중합니다. 제가 아이와 수학 공부를 얼마나 할 수 있을지는 자신할 수 없습니다. 마음 같아서는 고등학교 수학도 가르칠 자신이 있지만 그게 어디 마음대로 되겠습니까? 얼마 지나지 않아 아이들은 우리 손을 떠날 것입니다. 그때까지라도 아이가 가장 어려워하는 부분을 도와주는 특권을 맘껏 누리고 함께하는 공부 시간을 아이와의 유대감을 더 깊게 만드는 기회로 삼고 싶습니다. 그때까지는 제게 허락된 시간을 결코 놓치지 않을 겁니다.